Gilberto Attanasi

COMUNICA A UN ALTRO LIVELLO

Manuale di Comunicazione Ipnotica

Edizioni Lulu

"L'essenziale è invisibile agli occhi"

Antoine De Saint-Exupery

A Silvia e Nicolò

Indice

Prefazione

Ciao, sono **Gilberto Attanasi**,

Oggi, voglio parlarti di qualcosa che sicuramente ti entusiasmerà: **la Comunicazione Ipnotica**. Spesso mi chiedono: "Ma cos'è? Come funziona? Ma veramente si addormentano le persone?

Quello che posso dirti è che può completamente cambiare il futuro della tua vita professionale e che, se vorrai provare questa esperienza, **potrà portarti risultati incredibili**.

E' naturale essere scettici e non credere a ciò che non si conosce. Lo abbiamo sempre fatto, anche quando eravamo piccolini e credevamo a Babbo Natale: temevamo di svegliarci la mattina e di trovare il carbone sotto l'albero, e quell'attesa era devastante. Non immaginavamo che un giorno l'attesa di essere chiamati interrogati dal professore sarebbe stata molto più devastante. Poi siamo cresciuti, abbiamo imparato a giocare nel mare con il salvagente e pensavamo che imparare a nuotare fosse la cosa più difficile dell'universo, non immaginavamo affatto che un giorno avremmo dovuto imparare a soffrire per amore. E quando abbiamo completato gli studi ed eravamo in cerca di un lavoro, pensavamo che il lavoro fosse la cosa più importante della vita e il dolore per non essere autonomi e indipendenti era insopportabile, non immaginavamo che la malattia e la perdita di una persona cara sarebbe stata un'esperienza ancora più dolorosa. E quanto più si cresce e si riflette sulla vita si scoprono sempre nuove cose. E a vent'anni, pieni di vita e pazzi di gioia era inimmaginabile provare dentro il desiderio di rilassarsi e guardare un programma in tv. E non avremmo mai immaginato di poterci innamorare, e magari sposare, e perché no, avere anche un figlio. Perché la vita è piena di sorprese, belle e brutte. E' una continua scoperta. E il più delle volte abbiamo dovuto imparare che quello che i nostri genitori ci dicevano non era sempre giusto. Che la vita va avanti, la tecnologia procede con nuove invenzioni, e che poi in fondo in fondo il computer è utile, e anche il telefonino. Abbiamo dovuto imparare che la gente non dice sempre la verità e che il senso comune non sempre corrisponde al buon senso. Quello che tanti fanno, a volte, non è sempre giusto. E quello che tanti pensano, non è sempre corretto. Si diceva che con internet saremmo rimasti tutti soli, che non ci sarebbero state più relazioni umane. Si diceva che Galileo Galiei era eretico. Si diceva che le donne erano inferiori e che non ci sarebbe mai stato un Presidente degli Stati Uniti di colore. Si dicevano tante cose, alcune vere altre false. Ciò che conta, è quello che pensi tu.

Lo so cosa significa per te concedermi qualche minuto: forse stai togliendo tempo al tuo lavoro o alla tua famiglia, o peggio ancora, al tuo svago. Eppure so che arriverà il momento in cui, mentre leggi questo libro, volterai *una* pagina, e una luce si accenderà in te. Sarà allora che penserai: "Bello!".

Se fossi io al posto tuo, prima di imbattermi in una lettura del genere, penserei che chiunque mi stia proponendo di investire del tempo per *leggere qualcosa* farebbe molto bene a meritarselo!

Quindi ti prometto che non tradirò la tua Fiducia! Anzi, ti assicuro che dopo aver letto il mio libro non solo sarai felice di averlo letto, ma penserai: "Oggi ho scoperto qualcosa di nuovo! Qualcosa di diverso ed entusiasmante!".

Sì, esattamente! Voglio parlarti di qualcosa di *entusiasmante* che può cambiare la tua Vita Professionale. Qualcosa che ti aiuterà a raggiungere i tuoi obiettivi! Qualcosa che possa migliorare te stesso per avere relazioni di qualità con i clienti, e i fatti che ti accadranno ogni giorno assumeranno un nuovo ed interessante significato!

√ Non vendo enciclopedie

√ Non vendo contratti telefonici

√ Non vendo spazi pubblicitari

E quello che hai tra le mani in questo momento è un Manuale di Comunicazione Ipnotica. Perché **mi occupo di** un tipo di Comunicazione che può **far innamorare i tuoi Clienti di ciò che fai**, e attraverso questo libro posso insegnarti a comunicare ad un altro livello.

Sei più tranquillo ora? ☺ Forse erano meglio le enciclopedie!

Scherzo. Chi ha studiato psicologia della comunicazione sa bene che spesso, quando vuoi convincere qualcuno a fare qualcosa, ad entrare in un negozio, a leggere una brochure, a visitare una pagina web, o ad acquistare un prodotto, finisci con l'appesantire la comunicazione rendendola fastidiosa. E più ti affanni a convincere il tuo interlocutore, meno la tua comunicazione riesce a raggiungere l'obiettivo. Ti sarà capitato qualche volta di incontrare qualcuno che continuava insistentemente a ripetere sempre le stesse cose per tentare di convincerti e molto probabilmente avrai sentito il desiderio di andartene.

Viceversa, quando s'incontra una persona felice che riesce a cogliere immediatamente i tuoi desideri e con fare allegro e gentile, riesce a soddisfarli subito, ti senti completamente appagato. E principalmente: acquisti!

La stessa cosa avviene quando investiamo in pubblicità o cerchiamo nuovi clienti per il nostro studio professionale. Possiamo essere pesanti e insistenti. E in questo caso **il rischio è di spendere tanti soldi senza avere nessun cliente in più.**

Se anche tu, al posto mio, preferiresti che la gente ascoltasse ciò che hai da dirgli ... allora continua a leggere questo Manuale di Comunicazione Ipnotica, ti prometto che comunicherò in modo efficace, cercando di comprendere le tue esigenze e semplicemente ti spiegherò come soddisfarle:

1. Perché conosco un Metodo per far Innamorare i Clienti di ciò che fai.

2. Perché, dopo che avrai sperimentato il mio metodo, saranno i Clienti a cercare te e a voler acquistare i tuoi prodotti o servizi.

3. Perché, dopo che avranno assaggiato il mio Metodo, i tuoi Clienti più soddisfatti saranno così felici che ti porteranno nuovi Clienti!

E non solo.

In questo Manuale di Comunicazione Ipnotica ti spiegherò delle tecniche infallibili per conquistare Nuovi Clienti!

Non ci credi? Forse al posto tuo neanche io ci crederei. C'è troppa gente in giro che ormai promette cose assurde pur di vendere qualcosa. E magari stai pensando che, se anche fosse vero, l'avresti già fatto. Non sei mica stupido! Avrai probabilmente alcuni clienti completamente innamorati di ciò che fai e che ti cercano perché vogliono acquistare i tuoi prodotti o servizi.

Ci saranno anche altri potenziali clienti che potrebbero innamorarsene proprio ora. Sono quei clienti che ancora non ti conoscono e che se soltanto ti conoscessero, sarebbero felici di acquistare esclusivamente da te e subito dopo consiglierebbero ai loro amici, parenti e conoscenti di fare lo stesso. Ti andrebbe di fargli conoscere il meglio della tua attività? Allora significa che questo Manuale e il mio metodo possono interessarti! Perché il mio è un metodo meraviglioso in grado di trasmettere emozioni potenti! E' l'unico modo per far innamorare quei potenziali clienti!

Ti sentirai come se fossi salito su un palco e, di fronte a migliaia di persone, potrai ipnotizzare la gente con un discorso favoloso. Anche se, per incantare la gente, oltre ad avere migliaia di persone in una piazza o davanti alla televisione, occorre saper comunicare in modo persuasivo.

Ora, rispondimi con il cuore in mano: se avessi la possibilità di vendere i tuoi prodotti o servizi in un programma televisivo da milioni di spettatori, chi faresti parlare al microfono? Un tuo collaboratore oppure Barack Obama?

Immagino Obama. Sarebbe Stupendo avere Barack Obama come responsabile della comunicazione aziendale. Vero? Bene. Sto per stupirti: perché sto per dirti che Ora è possibile. Sì, hai capito bene.

Conosco **le Tecniche Segrete di Comunicazione Ipnotica dell'Uomo più Potente del Mondo.** Esattamente la stessa che ha utilizzato Barack Obama e che utilizzano i migliori leader del mondo. Pensi che stia esagerando?

Allora devi sapere che il 44° presidente degli Stati Uniti Barack

Obama, secondo le principali testate americane, avrebbe utilizzato l'ipnosi nella sua lunga e vincente campagna elettorale.

In realtà a un primo impatto ero scettico anch'io, poi ho voluto indagare meglio. L'ipnosi è la mia passione speciale e ho dedicato anni allo studio e all'applicazione di questa scienza. Dopo la laurea con lode in Filosofia e una tesi sulla Comunicazione Persuasiva ho voluto apprendere le più avanzate metodologie di Comunicazione Ipnotica in una scuola di specializzazione in Psicologia riconosciuta dal Ministero dell'Università e della Ricerca. Dopo ho frequentato corsi in Ipnosi Conversazionale e Istantanea e cercato i migliori programmi di formazione sulla Comunicazione, la Persuasione, l'Apprendimento, la Psicologia del Consumatore, il Neuro Marketing, la Programmazione Neuro Linguistica, e da quasi quindici anni, mi occupo di consulenza in marketing e comunicazione.

Certo, anche io diversi anni fa avevo dei dubbi quando un mio caro amico mi invitò ad un corso di Programmazione Neuro Linguistica basata su un metodo ipnotico. Allora, avevo una preparazione classica, accademica, universitaria. Avevo anche frequentato dei percorsi di psicoanalisi freudiana e psicologia cognitivo-comportamentale, insomma, avevo un'idea chiara sulla Psicologia della Comunicazione e sulla possibilità di Convincere qualcun altro.

A quel tempo non sapevo cosa fossero le Neuroscienze ma pensavo di sapere quello che c'era da sapere, avevo letto tanti libri, ed ero convinto che altri corsi sulla Comunicazione (come anche i libri) fossero solo una perdita di tempo.

Quindi, quando il mio amico mi invitò a partecipare al suo corso pensavo fossero tutte sciocchezze! Chiacchiere! Anche se non conoscevo l'argomento. Ero convinto che fossero tutte americanate che potevano suggestionare solo le menti più deboli e meno informate!

Ma cosa avevo da perdere? Lui continuava a ripetermi: "Prova! Cosa ti costa?... Se ti piace bene. Se non ti piace avrai imparato un'altra cosa nuova. E tutto resta come prima". In fin dei conti aveva ragione. Ero curioso... e sono andato!

Ringrazierò a vita quel mio amico che mi ha fatto scoprire una verità fondamentale: il saper essere buoni comunicatori, saper gestire le emozioni... saper trovare e alimentare la motivazione, saper costruire e vivere felicemente le proprie relazioni, saper convincere gli altri, in modo affascinante ed emozionante, sono tutte cose che NON conosciamo dalla nascita. **Sono cose che si apprendono!**

Quel giorno, quando frequentai quel corso, si fece strada in me una nuova consapevolezza: buona parte di quello che noi Comunichiamo è direttamente collegato a ciò che in qualche modo abbiamo dentro.

Era strano! Come mai in tutta la mia vita non avevo colto una verità così profonda?

Semplice. Perché non sapevo ancora come funzionava il cervello. Mai e poi mai avrei pensato che studiare il cervello umano, e capire come tutto ciò accade, mi avrebbe permesso di applicare e sviluppare strategie per Comunicare in modo efficace e persuasivo. Comunicare in modo Ipnotico! Da quel giorno la Comunicazione Ipnotica sarebbe diventata la mia *passione!* E IL MIO SOGNO!

Per questo ogni volta che si parla di ipnosi il mio cervello si attiva in un modo particolare, per capire velocemente se si tratta di qualcosa di nuovo da imparare o qualcosa di interessante da scoprire.

E Obama è un caso davvero monto interessante, in cui l'uso dell'ipnosi ha cambiato le sorti del mondo.

E anche tu, se stai leggendo queste righe, anche se non so chi sei, so che hai il desiderio di scoprire qualcosa in più sulla Comunicazione! Per prima cosa, quindi, posso dirti che innanzitutto abbiamo la stessa *passione*, probabilmente sei anche tu alla ricerca di strategie per comunicare meglio, per ottenere maggiori risultati, e sei una di quelle persone che credono di poter influenzare in qualche modo il tuo *destino professionale*. Possiamo evolverci, crescere e diventare comunicatori migliori. Possiamo prendere il controllo, piuttosto che essere controllati. Possiamo uscire dalle regole imposte dagli altri, ma soprattutto da quelle che noi stessi ci siamo costruiti addosso. Possiamo superare i limiti che ci siamo imposti nella mente, dimenticandoci che siamo molto più di ciò che crediamo di essere, che potremmo fare molto di più di ciò che facciamo, avere molto più di quel che abbiamo e dare molto più di ciò che diamo. Donati l'opportunità di acquisire queste nuove abilità di Comunicazione e vedrai che riuscirai a "creare benessere" anche negli altri...

Per questo, oltre che per una mia costante crescita personale e professionale ho voluto capire meglio come permettere a tutti di realizzare i propri obiettivi, partendo da una situazione che si ritiene *impossibile*! Così in questi anni ho frequentato i migliori programmi di formazione dei più noti formatori nazionali e internazionali, i leaders mondiali nel campo della motivazione e della psicologia della comunicazione. Il risultato di questi studi è stato la costituzione di uno Studio di Comunicazione Ipnotica in grado di portare avanti questo progetto!

Così è nato lo Studio Attanasi! Che è **quanto di più profondo, coinvolgente e completo potessi immaginare di fare nel campo della Comunicazione.**

Buona lettura e buon divertimento!

Gilberto Attanasi

Introduzione

"La prossima volta andiamo da un'altra parte!". E'quello che dice la gente quando è insoddisfatta di un servizio.

Ti è mai capitato di essere in fila alla cassa con altre persone e di chiederti: "E' assurdo! Quand'è che ne aprono un'altra?".

Ero proprio in fila alla cassa in un centro commerciale quando ho cominciato a parlare con il mio vicino. Di cosa abbiamo parlato? Non certo di creme e deodoranti. Abbiamo commentato il fatto che i gestori dell'ipermercato non attivavano altre casse.

Alla nostra conversazione si sono unite altre persone. E poi altre. C'era chi ascoltava e annuiva e chi scuoteva la testa.

Che ti piaccia o no, la gente parla continuamente di ciò che fai. Alcuni commenti sono positivi, ma grazie ad uno strano vezzo della natura umana, le voci negative raggiungono un pubblico molto più vasto di quelle positive.

La gente adora raccontare storie sulle disgrazie che gli sono capitate. Quante volte ti sarai trovato insieme ad altri amici a raccontare disavventure? Sono le brutte storie che fanno vendere i giornali. Sicuramente non sono le buone azioni compiute dal parroco di provincia. No, sono i tradimenti della gente famosa, i figli illegittimi, le tragedie, ecc. Cosa va forte in televisione? Ricostruzioni di crimini e confessioni proibite. Sembra che il fascino per le storie scandalose e impertinenti faccia parte della condizione umana. E ogni giorno la gente ama raccontare le esperienze più terribili che ha avuto con consulenti arroganti, commessi maleducati, camerieri apatici e merce scadente.

Le storie dell'orrore le definisce Jerry R. Wilson in "Marketing Passaparola", edito da Franco Angeli.

C'è chi sostiene che per ogni 3 persone che vogliono raccontare una storia positiva, ce ne sono altre 33 che ne racconteranno una dell'orrore. Vero! Forse non sarà questa la proporzione, ma un detto dice: "Fa più rumore un albero che cade che una foresta che cresce!". Un cliente soddisfatto può raccontare una bella storia su di te e ciò che fai. E finisce lì. Ma se un cliente arrabbiato racconta la sua tremenda storia ad altre persone, stai tranquillo che nel giro di pochi giorni lo sapranno tutti!

Il problema è che i clienti insoddisfatti si lamentano, ma non con il proprietario, con il responsabile di reparto, con il direttore d'azienda o con il consulente che li ha scontentati. Si lamentano con la famiglia, con gli amici e con i colleghi. E sai cosa vuol dire questo? Pubblicità negativa. Come un'onda, la storia arriva alle orecchie di un tuo conoscente, un parente, un amico, un concorrente! E si ingigantisce. "Dicono che... mi hanno detto...ecc.". Pian piano, silenziosamente, si espande una "voce", e trova sempre più conferme. "Lo sai che... tutti dicono... Ormai si sa che....". Appena inizi a raccontare la storia ti accorgi che anche gli altri la conoscono: allora è vera! E nel dubbio, la gente preferisce non rischiare, e si rivolge alla concorrenza. E mentre continui a svolgere serenamente il tuo lavoro, i clienti iniziano ad allontanarsi. Dici: c'è la crisi. C'è un calo. Magari investi qualche soldo per la pubblicità, rifai il sito web. Ma niente. E' una perdita costante...

Non puoi permetterti una pubblicità negativa! Le storie terribili raccontate durante l'aperitivo o al bar nella pausa caffè, o a cena, possono facilmente raggiungere centinaia di persone.

I sociologi dicono che una persona normale interagisce ripetutamente con circa 150-200 altre persone, tra cui vicini di casa, famiglia e colleghi. Jerry R. Wilson la definisce la loro "sfera d'influenza". A sua volta, ogni persona in quella sfera ne ha un'altra sulla quale esercita la sua influenza. Ovviamente ci saranno delle sovrapposizioni. Ci saranno amici in comune, ma ogni sfera includerà anche nuove persone che allargano il cerchio. E l'onda si allarga.

Che tipo di pubblicità vuoi che i tuoi clienti facciano alla tua azienda o al tuo studio quando interagiscono all'interno delle loro sfere d'influenza? Vuoi che il 99 per cento di loro racconti al mondo che sei un truffatore? O vuoi che spargano la buona notizia che sei il Migliore, semplicemente facendo quel qualcosa in più per renderli felici? Non dimenticare che ognuno delle 250 persone ha la sua sfera d'influenza e probabilmente condividerà più e più volte l'informazione.

Ricorda sempre che le voci negative cominciano già prima che il cliente venga a trovarti e a conoscerti, invece le voci positive cominciano quando le aspettative del cliente vengono *costantemente* superate! Cosa vuol dire questo? Che devi prendere qualcosa di comune e trasformarlo in qualcosa Fuori dal Comune! Devi prendere il tuo prodotto o servizio e renderlo straordinario, leggendario e solo allora avrai conquistato un cliente ed evitato una strage. Per fare questo devi raccontare e far raccontare a tutta la gente che conosci e anche che non conosci una Storia Eccezionale che vale la pena di raccontare.

Adesso ti dico un'altra cosa che ti farà riflettere: le voci... le storie sul tuo conto... non le inventano le persone che ti vogliono male, come si pensa sempre, ma hanno inizio sul posto di lavoro! Chiacchiere, pettegolezzi, indiscrezioni, ecc. Come possono i dipendenti, i collaboratori, essere così sciocchi da parlar male dell'organizzazione per la quale dovrebbero fare il tifo? Il loro successo è legato al tuo, vero? Perché agiscono in modo così irresponsabile? La risposta è facile. Non sanno fare di meglio. E di chi è la responsabilità? Bravo. Tua! Tu hai la responsabilità di plasmare e gestire le chiacchiere interne. Devi formarli a dire le cose giuste. Il lavoro di un imprenditore, un dirigente, di chiunque gestisce degli uomini, consiste nel fare in modo che i propri collaboratori credano in ciò che fanno e nel loro lavoro a tal punto da volerne parlare appassionatamente. Sono loro la prima pubblicità!

Ah sì, starai pensando, "glielo dico sempre che siamo come una famiglia! Che siamo una squadra! Uno per tutti e tutti per uno!". Scemenze! Le azioni parlano più forte delle parole. Puoi dire quello che vuoi, ma la gente ignora le parole se le tue azioni le contraddicono. Il successo nel gestire le voci dipende dal sostenerle con l'azione. Una cosa è dire ai propri collaboratori che sono importanti, un'altra è dimostrarglielo, trattandoli come se fossero i migliori clienti.

Se avrai intenzione di eccellere nel tuo lavoro, se vorrai arrivare ad essere definito "Unico e Imbattibile" grazie ai prodotti o servizi che offri, se intendi capire la Comunicazione Ipnotica, dovrai studiare il cliente più a fondo, dovrai imparare a conoscere la sua personalità. Il suo cervello. Ed è per questo che ho scritto per te questo Manuale.

Ora, tieni a mente una cosa: il più dannoso passaparola in assoluto è quello che nasce da un cliente insoddisfatto e arrabbiato.

Sono proprio queste persone che possono rovinare ciò che fai. Ogni giorno raccontano le loro disgrazie a tutte le persone che incontrano e ogni volta la storia diventa sempre più tremenda e ingigantita dalla loro fantasia. Più la storia è sensazionale, più la gente li sta ad ascoltare, e più danno fa. E ogni storia viene amplificata in rapporto diretto con l'arrabbiatura del cliente. Più lo fai imbestialire, maggiori saranno le esagerazioni, il rancore e il desiderio di vendetta che traspireranno dal racconto.

Quando ti accorgi che c'è un cliente insoddisfatto, la prima cosa da fare è fermare tutto e sistemare quel cliente! Immagina come se scattasse un allarme nella tua testa e in tutte le teste dei tuoi collaboratori. Prima cosa: mollare tutto e disinnescare la rabbia del cliente. Una volta fatto questo, puoi passare ad analizzare e risolvere la causa del problema. Infine, approfitta dell'occasione per risarcirlo dei danni (anche se non li ha subiti) e di renderti unico e memorabile! Deve uscire dal tuo ufficio, dal tuo negozio, dalla tua azienda, ecc. felice e desideroso di raccontare una storia incredibile! Questa volta, a lieto fine!

Ricordati, la prima cosa è calmare il cliente infuriato!

Immagino cosa stai pensando: che non sai come si fa. Che è facile a dirsi, ma poi, quando ci si trova, scattano dei meccanismi incontrollabili. E bla bla bla.

Lo capisco. A volte si può fare di tutto; si può anche essere sinceri e calmi. Si può tentare di spiegare, si può offrire un rimborso; si può chiedere scusa, e con tutto ciò le cose possono non funzionare. I clienti restano imbestialiti! Nonostante tutti gli sforzi, i clienti possono non capire le tue ragioni, e quindi farsi portatori di un passaparola negativo nei tuoi confronti. Come si fa? Solo la Comunicazione Ipnotica può disinnescare la rabbia in modo facile e veloce. Ma lo vedremo più avanti.

Prima devi sapere un'altra cosa. I tuoi dipendenti a volte possono non capire la politica che persegui o semplicemente essere di umore sbagliato e quindi irritare un cliente, generando un passaparola negativo. Oppure, pur seguendo alla lettera le direttive, saranno i clienti a non capire. Ed è vero anche che un cliente arrabbiato potrebbe avere buone ragioni per esserlo.

A questo punto, normalmente, s'investe in Comunicazione Pubblicitaria per diffondere una Voce Positiva e annientare le voci che i malpensanti hanno messo in giro.

Ma la crescente presenza di concorrenti impedisce di far sentire la tua voce. Ormai le chiacchiere sono troppe. E quando troppe persone credono nella stessa cosa, la partita è persa.

Oggi, ciò che determina il successo o il fallimento, si riassume in due elementi principali: gestire i pensieri della gente influente, e farli innamorare di racconti e storie di cui valga la pena parlare!

Non intendo dire che ciò che produci o i servizi che offri non abbiano importanza. Al contrario, è importante, sono un elemento essenziale della storia che andremo a raccontare. Intendo sottolineare che non è più sufficiente.

Oggi chi fornisce prodotti e servizi incontra grosse difficoltà, cerca di fornire un prodotto migliore a un costo inferiore e non riesce ad imporsi. Le organizzazioni di successo hanno compreso che l'elemento di differenza è la Comunicazione Persuasiva. Lo so che ancora sei scettico e non stai comprendendo il mio discorso, ma ti assicuro che tra poco sarà tutto chiaro.

1. Comunicare vuol dire raccontare il tuo Sogno.

Pensa a questo: tutti desideriamo sentirci sicuri, giusto? Avere buona salute, avere successo, essere amati, rispettati, felici e in forma. Desideriamo tutti avere denaro sufficiente per comperare ciò che vogliamo. Desideriamo tutti avere degli amici, delle occasioni di svago e tempo libero.

Come sostiene Seth Godin in "Tutte le Palle del marketing" edito dalla Sperling & Kupfer Editori, se tutti desideriamo le stesse cose, perché cerchiamo di ottenerle in modi tanto diversi?

Perché non ci prendiamo tutti la stessa marca di auto o non gestiamo l'azienda nello stesso modo? Perché non indossiamo tutti gli stessi abiti e non scegliamo gli stessi colori? Perché il prezzo medio di un abito da sposa è di 800 euro, ma ci sono persone che spendono il triplo e persone che, molto semplicemente, se lo fanno prestare?

La grave pecca della teoria del marketing è la sua incapacità di descrivere la diversità che esiste tra di noi.

Esaminando le cose con maggiore attenzione, si scopre che la diversità delle persone è legata a quella che Seth Godin definisce, diversa Visione del Mondo, e che io preferisco chiamare la Filosofia di Vita di ogni persona. Ecco! Lo sapevo. Ora che hai sentito la parola Filosofia vuoi cestinare il Manuale di Comunicazione Ipnotica.

Fa sempre quest'effetto, lo so. E' una brutta parola, anche se in questo caso è fondamentale per comprendere il comportamento dei tuoi Potenziali Clienti.

Solo se provi a comprendere la loro Filosofia di Vita scoprirai che **Non Tutti Desideriamo le Stesse Cose!** Ognuno di noi, come sostiene Godin, ha un proprio insieme di preferenze, valori, opinioni, convinzioni, preconcetti che costituiscono la propria visione del mondo, sulla quale un ruolo importante lo ricopre la famiglia, la scuola, il luogo in cui si vive e le esperienze vissute. La Filosofia di Vita che ognuno di noi ha non è altro che la visione del mondo in cui ognuno di noi crede. E' la lente di cui ci serviamo per decidere se credere o meno a qualcosa. La Filosofia di Vita ci permette di capire che tipo di Storia il tuo cliente imbestialito andrà a raccontare in giro!

Ripeto, con il termine *Filosofia di Vita* intendo le regole, i valori, le convinzioni e le preferenze con cui ogni singola persona interpreta la realtà. Ed è inutile dire che ci sono persone che non hanno nessuna Filosofia di Vita. Tutti ne hanno una, che ne siano consapevoli o no.

Esempio: in base a cosa un ragazzino sceglie di comprarsi una Mini Coopers e un Medico Chirurgo una Mercedes Benz? In base a cosa una bella ragazza sceglie di indossare dei jeans che le cadono sotto al sedere e la fanno sembrare un clown e una signora compra una costosissima borsa di Louis Vuitton?

La loro Filosofia di Vita. Punto. Vuoi provare a convincere quella ragazzina a comprarsi una borsa Louis Vuitton o la signora a indossare i jeans sotto al sedere?

Persone diverse, Filosofie diverse. Rispetto a una stessa situazione, ognuno può trarre conclusioni diverse.

Ti è mai capitato di dover andare ad un ricevimento al ristorante? Se il pasto è abbondante non piace ad alcuni. Se il pasto è misero non piace ad altri. Non esiste ciò che è meglio e ciò che è peggio. E' solo una questione di Filosofia di Vita.

Oppure immagina il classico negozio d'arredamento quando appone annunci sulle vetrine con la scritta, "Svendita Totale per cessazione dell'attività! Vera Occasione! Sconti fino al 70%!". Non parla di mobili, ma racconta una storia. E quei consumatori che hanno bisogno di una scusa per convincere il proprio partner, poco incline a spendere, ad accompagnarli finalmente ad acquistare dei mobili, ora hanno qualcosa da raccontare!

Facciamo un altro esempio: il negozio che vuole vendere la Nuova borsa Louis Vuitton la metterà in mostra nella vetrina. Giusto? Come farebbe chiunque altro. Ma racconterà una Storia diversa. La Storia che la signora vuole sentirsi raccontare. E cioè che quella borsa è un gioiello prezioso che non tutti si possono permettere. Quindi, sarà esposta da sola, un pezzo unico, su un prezioso mobiletto di noce scura, con un fascio di luce che ne risalta la brillantezza. Come se fosse un gioiello appunto. E soprattutto, con il prezzo in bella vista. Perché tutti devono sapere la sua "inaccessibilità". Nella storia che si racconta in quella vetrina non c'è nulla che riguarda il prodotto, la stoffa, il tessuto, le cuciture, le tasche interne, ecc. E' come quando ci s'innamora, basta uno sguardo e il gioco è fatto.

E come quando ci s'innamora bastano un paio di occhi e un sorriso per perdere la testa, e immaginarsi un futuro pieno di felicità, di passione, di desiderio. Anche se non si conosce la persona, a volte, si è disposti a fare follie pur di averla. Come la borsa Louis Vuitton. Basta un nome per spendere migliaia di euro.

Questo tipo di Storie si rivolgono ad un gruppo di persone specifico: o coloro che hanno come Filosofia di Vita quella del risparmio, o coloro che sarebbero disposti a spostarsi anche di duecento chilometri per recarsi in un particolare negozio di antiquariato o un Outlet, o all'Ikea. Visioni del mondo diverse, storie diverse.

Non cercate di modificare la Filosofia di Vita dei vostri potenziali clienti. Come dice Godin, "non cercate di esporre fatti e dati per dimostrare la validità della vostra offerta e convincere il consumatore a cambiare le sue preferenze. Individuate della gente che possiede una certa visione del mondo e orientate la vostra storia verso quella visione. E' la strategia vincente." Questa è la strategia di marketing e comunicazione più efficace.

Forse ti starai chiedendo: ma come si fa?

Allora, innanzi tutto occorre partire dal presupposto che non si vendono prodotti o servizi, ma idee. Se sei un consulente in finanza agevolata, ad esempio, puoi decidere di rivolgerti specificatamente ai giovani che vogliono avviare una nuova attività. E quindi la tua Filosofia di Vita è "Aiutare i Giovani a qualsiasi costo, perché sono la risorsa principale e il futuro del nostro mondo". A questo punto devi Comunicarlo a tutti i giovani che intendono avviare una nuova impresa. Devono sapere che c'è un nuovo consulente aziendale che "Crede nei Giovani e Vuole Aiutarli, a qualsiasi costo!".

Sicuramente non fai un poster 6x3 da piazzare su ogni strada con la scritta: Studio Tizio, consulenza in finanza agevolata. Ti aiutiamo a crescere o cose del genere.

Ma, per esempio, puoi farti pagare solo a risultato ottenuto! Se ottieni il finanziamento bene, ci riconosci una provvigione, altrimenti abbiamo rischiato insieme! Ganzo!

E' un rischio? Certo, ma nel giro di pochi mesi avresti lo studio pieno di ragazzi che fanno il tifo per te. E, dal punto di vista statistico, se davvero sei un mago nella progettazione dei finanziamenti agevolati, dovresti ottenere degli ottimi risultati, in termini economici.

Naturalmente tutto il tuo team deve Credere nella tua Storia. Segretaria, Consulenti, Impiegati, ecc. E se ci crede la racconta! Il loro look sarà giovanile e informale; il loro modo di parlare sarà semplice e chiaro: niente termini tecnici, niente cravatte, niente Dott. Signor. Ecc.

Chi lavora lì dentro è libero di esprimersi e di esprimere le sue idee. E' giovane e si comporta coerentemente con ciò in cui crede. C'è qualcuno che gestisce un Blog e che risponde ai Post dei ragazzi, aggiorna continuamente le news del sito e inoltra newsletter per informare tutti sui nuovi bandi. Il database è enorme.

Lo studio è diventato "Mitico" per i giovani e il passaparola ha contagiato anche Facebook, Twitter... ecc. C'è chi ne parla bene anche sul suo blog personale! E addirittura qualcuno ha anche girato dei video e postato su Youtube.

Non è fantastico!?

E non finisce qui: la Comunicazione di chi ci lavora è Ipnotica. Stare lì sembra fantastico, qualcosa di completamente diverso rispetto a tutti gli altri uffici, grigi e polverosi. C'è energia e immaginazione! Chi lavora lì, lavora per te, e lo senti. Tutti trasmettono un entusiasmo particolare, e tutti cercano di soddisfare i tuoi desideri.

Se entri in quello studio con un sogno, esci fuori con un progetto per realizzarlo.

Chiaro ora?

Ovviamente ci saranno ragazzi e genitori che troveranno poco serio uno studio del genere. Meglio affidarsi a chi indossa un vestito e ha amicizie importanti. Meglio le targhette e i riconoscimenti.

Tutti gli uomini nascono uguali ma ognuno ha la propria filosofia. La visione delle cose non corrisponde all'identità della persona ma all'insieme delle sue convinzioni e delle sue preferenze. E il marketing e la comunicazione hanno successo quando ci si rivolge a un pubblico composto da persone accomunate da una stessa visione.

Questa premessa è fondamentale per comprendere perché e come la Comunicazione Ipnotica può far innamorare te e i tuoi clienti di ciò che fai.

E' giunto il momento di capire come procedere a colpo sicuro!

Facciamo una cosa, dimmi se sei d'accordo con le seguenti affermazioni:

- Non si può vivere senza tecnologia;

- Si stava meglio prima quando non c'erano i telefonini;

- Se fossi più magro, sarei più bello;

- La bellezza e il fascino fanno parte dell'animo;

- I venditori sono tutti degli imbroglioni;

- Ognuno di noi vende qualcosa;

Qualunque sia la realtà ci sono persone che condividono queste affermazioni e persone che non le condividono. E' evidente che ogni consumatore è diverso dagli altri. I tuoi clienti non sono tutti uguali, ma non sono neppure tutti diversi. Formano piccoli gruppi, ciascuno dei quali condivide una propria Filosofia di Vita. Il tuo lavoro consiste precisamente nell'individuare NON il Target (età, sesso, luogo di nascita, ecc.) che non serve a niente, ma un gruppo di persone con la stessa Filosofia di Vita, al quale la concorrenza non ha ancora dedicato del tempo, e caratterizzare una storia in modo tale da raggiungerlo!

Quando parlo di Filosofia di Vita intendo che devi Scegliere da che parte stare! Una persona che crede che i venditori siano tutti imbroglioni, non si fida di coloro che tentano di vendergli qualcosa, punto. Non li sopporta. Odia la vendita. Odia il commercializzare le cose. Odia ciò che è commerciale! Odia la mercificazione di tutto. E Ama la cultura. Ama la profondità. Ama la complessità. Ama l'onesta. Ama la trasparenza.

Ora, prova a far vedere un cine-panettone a una persona del genere... Lo odia!

Stessa cosa in chi crede nella bellezza. Ama andare in palestra. Ama acquistare abiti firmati. Ama l'estetica. Ama le marche. Ama le mode. Ama mantenersi in linea. Ama andare al mare. Ama essere abbronzato. Ama i lounge bar. Ama vestirsi fashion. Odia non prendersi cura di sé. Odia far vedere i suoi difetti. Odia uscire con gli amici con i capelli sporchi. Odia farsi vedere in tuta.

Prova a fargli mangiare il panino con la nutella a colazione... e vedi che succede!

Quando hai una Filosofia di Vita hai fatto una scelta di vita. Punto. Se vuoi che la gente s'innamori della tua attività allora devi fare una scelta precisa. Devi avere una Filosofia di Vita precisa.

Ci sono neomamme convinte che la felicità stia nell'ultimo prodotto uscito per la cura del bambino, e adorano comprare riviste sulla pedagogia e libri sulla psicologia infantile, perché credono che Bisogna avere cura del proprio figlio e seguirlo passo dopo passo. Bisogna stare attenti a tutto ciò che si fa e che si dice. Nulla è lasciato al caso.

Ecco, una mamma del genere non sopporta chi è menefreghista. Chi agisce d'istinto. Chi risponde impulsivamente. Chi non progredisce. Chi non s'informa. Chi non cresce e si accultura. Una mamma del genere vuole qualcuno *attento* a suo figlio! E' stanca di vivere nella mediocrità. Nella superficialità. Vuole sentirsi sempre avanti. E odia chi si trascina nell'ignoranza. Odia chi non approfondisce. Odia il risparmio. Vuole solo il meglio. Ama la qualità. Ama la classe.

E vuole che qualcuno le racconti che finalmente c'è una ludoteca diversa dalle altre. Dove seguono dei programmi psico-pedagogici improntati su un metodo rivoluzionario. In pratica fanno giocare i bambini all'interno di un luogo estremamente curato, dove bisogna percorrere dei viaggi simbolici all'interno di un sommergibile. Tutta la ludoteca rappresenta animali marini. Il mare è una straordinaria metafora per insegnare ai bambini la vita. All'interno della ludoteca c'è una persona che si preoccupa di fargli fare dei giochi speciali in gruppo, in modo da rendere l'apprendimento più efficace. La ludoteca ogni giorno inventa un percorso diverso, e ogni percorso cambia in base all'età. Ai genitori vengono forniti studi e ricerche sull'efficacia di questo metodo e il sabato vengono coinvolti anche loro nei giochi per affiatare la famiglia.

Questa è una Storia. Tutte le mamme che non si accontentano di parcheggiare i propri figli da qualche parte ma pretendono che la ludoteca sia un momento educativo, adoreranno questo posto! Si innamorerranno dei sorrisi delle ragazze che ci lavorano, le chiameranno per nome, come se fossero cugine. Si fidano di loro ciecamente, e non cambierebbero mai ludoteca per un'altra che costa di meno ma ha solo quattro pareti disegnate con pinocchio e i sette nani.

Ci sono assidui frequentatori di palestre convinti che il nuovo integratore nutrizionale permetterà loro di avere un corpo perfetto, ci sono ragazzi convinti che avere un tatuaggio sia fico, e imprenditori che credono che sia necessario connettersi ad internet dal telefonino, ecc.

Ognuna di questa è una Filosofia di Vita. Limitarsi ad avviare una palestra non serve a niente. Aprire l'ennesimo laboratorio di tatuaggi non serve a niente. Ciò che la gente vuole è una Storia!

Voglio una palestra con nutrizionista, dietologo, personal trainer, con un macchinario stupendo che m'informa ogni santo giorno dei progressi, degli sforzi, dei punti di miglioramento. Tutto deve essere tecnologico e personalizzato. E l'istruttore mi deve chiamare per nome, spiegarmi le tabelle alimentari, indicarmi i corsi giusti per me, come se mi conoscesse da sempre. Voglio immergermi in un mondo di persone che credono nel fitness e la pensano come me, che hanno la mia stessa visione del mondo.

Non voglio in palestra il signore obeso che appoggia il suo asciugamano sudato sulla panca mentre beve nella bottiglietta una bevanda arancione. Quindi ci sarà in palestra l'obbligo di un abbigliamento consono all'ambiente.

Non voglio un gruppo di ragazzini che schiamazza mentre mi sto allenando con la musica a palla che mi entra nelle vene. Quindi ci sarà un prezzo e un comportamento consono all'ambiente.

Quel ragazzo Ama andare in palestra. E' la sua seconda casa. Adora il fitness e non cambierà mai palestra. E' la palestra più figa della città e ci vanno tutti i più fighi. Sei figo se ci vai e se non ci vai sei sfigato.

Ciascuno di questi gruppi desidera ascoltare storie che confermino la propria visione del mondo, la propria Filosofia di Vita. Ogni gruppo desidera essere soddisfatto nei propri desideri.

La Filosofia di Vita offre un'opportunità molto importante: la capacità di individuare mercati non ancora serviti, unendo persone che hanno una Filosofia di Vita simile. Questo è il segreto.

La frase "mettere in sicurezza l'opinione pubblica" è diversa rispetto ad "allertare i cittadini". La Comunicazione Ipnotica è fatta da parole, immagini e intenzioni che confermano una preferenza già esistente. I politici stanno diventando maestri nell'uso della Comunicazione Ipnotica.

Dire: "fondamentalista" o "persona di solidi e radicati principi", è la stessa cosa sul piano concettuale ma si raccontano storie diverse.

La fotografia che mostra il fumo delle centrali e delle industrie sul cielo grigio e la fotografia che riprende il luccichio delle insegne sui corsi principali affollati da gallerie e passanti, riflettono entrambi la stessa realtà, ma raccontano storie diverse a persone diverse.

Il primo passo quindi per narrare una storia persuasiva capace di far innamorare è scegliere una Filosofia di Vita.

Il secondo passo, se la Filosofia di Vita è buona, è avere dei nemici. Esatto. Nemici. Se hai una Filosofia di Vita precisa, avrai sicuramente fatto una scelta netta. Quella scelta farà innamorare qualcuno e incazzare qualcun altro.

Ogni politico che ha una posizione precisa è odiato dai suoi avversari politici. Ogni tifoso che adora una squadra ha un tifoso che odia quella squadra. Ogni cantante capace di far esultare migliaia di persone ha qualcuno che lo odia e non lo sopporta. Questo accade anche nella nostra vita: la persona che ha una personalità più spiccata, che esprime con più fermezza le proprie idee ha sicuramente qualcuno che lo adora, ma anche altri che lo odiano.

Raccontare una storia a un pubblico che desidera ardentemente sentirla raccontare è una prospettiva entusiasmante. E se la storia è buona, sicuramente fa incazzare qualcuno.

Se gestisci un pub e ami la musica rock americana, avrai molta gente innamorata del tuo locale, e altra che non ne vuol sentire parlare.

Se sei un fotografo che realizza servizi matrimoniali a costi bassissimi. Avrai gente felice della tua politica di prezzi e altra che non verrebbe mai da te.

La Filosofia di Vita ha un effetto aggregante e tende a unire individui per il resto estranei. Ritengo che la Comunicazione migliore sia quella capace di rivolgersi a una nicchia di persone che, accomunate da una stessa Filosofia di Vita, si confrontano fra loro e si uniscono, creando velocemente un nuovo segmento di mercato. Non vi è alcuna possibilità di convertire a una certa idea un vasto numero di persone agendo in modo diretto. Basandosi invece, sul principio, pressoché universale, che a tutti piace sentirsi simile ai propri pari è facile capire che chi crede alla storia farà tutto il possibile per condividerla con loro. Se la storia si presta a essere diffusa facilmente e se i primi convertiti ritengono che valga la pena farla circolare, la storia si diffonde.

Obama ha raccontato una Storia Eccezionale! E ha fatto innamorare tutti! O quasi. C'è qualcuno che lo odia.

Nella premessa ho detto che la Comunicazione Ipnotica è il mio Sogno. Ebbene, un giorno qualcuno disse: "I have a dream!" (Io ho un sogno) e incantò mezzo mondo.

Quest'uomo era Martin Luter King. E quel giorno, con quella frase, fece venire i brividi a tutte quelle persone che avevano lo stesso sogno!

Se vuoi Comunicare in modo ipnotico devi avere un sogno, e lo devi raccontare. Se la gente crede nel tuo sogno e vorrà sognare con te, ti seguirà!

E' questo che ha fatto Obama. Ed ha funzionato! Nessun presidente nella storia degli Stati Uniti, infatti, ha avuto un tale plebiscito come Obama.

2. Iniziamo a Comunicare all'inconscio

Prima di passare ai dettagli della Comunicazione Ipnotica è importante capire alcuni funzionamenti di base del nostro cervello.

Il primo: quando un essere umano si vede presentare un'idea, un progetto, un servizio, un prodotto, una persona, cosa fa? Mente, formulando un giudizio senza conoscere tutta la realtà.

Ricordi una volta in cui ti sei innamorato? Cosa sapevi di quella persona? Nulla. E cosa hai detto ai tuoi amici? Che eri *sicuro* fosse la persona giusta per te. Cosa raccontavi ai tuoi amici quando temevi di non poterla rivedere? Che senza di lei non potevi stare.

Le tecniche di comunicazione più efficaci consistono quindi in storie d'amore semplici, capaci di fare breccia nel profondo del cuore, di essere comprese ad un altro livello e poi diffuse.

L'obiettivo che mi propongo con questo Manuale di Comunicazione Ipnotica è di persuaderti a *essere meno razionale*. I migliori uomini di comunicazione non sono scienziati, sono creativi: sono consapevoli che qualunque cosa si venda sarà acquistata non perché soddisfa un bisogno, ma perché crea un desiderio emotivo.

E per raccontare grandi storie che fanno innamorare è utile conoscere i meccanismi secondo i quali la mente la percepisce e la elabora.

L'iniziativa ha successo solo se la storia d'amore su ciò che fai si diffonde. Come un sentimento, la storia ha bisogno di

un cuore nel quale insediarsi. Le storie hanno bisogno di un luogo in cui vivere ed espandersi.

Una volta chiarito che alla base ci deve essere un'idea potente, non un prodotto o un servizio, un'idea fondata su una Filosofia di Vita precisa, che abbraccia i desideri di un gruppo di persone, che sposa le loro convinzioni più radicali e che per questo fa incazzare altre persone, possiamo iniziare a parlare di come costruire la Storia Ipnotica che farà innamorare i tuoi clienti.

Per prima cosa devi sapere che la capacità di sviluppare le credenze è uno dei maggiori talenti di cui la nostra mente è dotata. Posti davanti a un fatto, ci sforziamo con ogni mezzo di elaborare una teoria che lo spieghi. Colmiamo i vuoti, formuliamo ipotesi su ciò che abbiamo sotto gli occhi.

Quante volte hai discusso con degli amici sul calcio, sulla politica, sui gossip, sull'attualità, e puntualmente, di fronte allo stesso fatto sostenevate teorie differenti? Quante volte hai avuto la sensazione che la conversazione non portasse da nessuna parte perché ognuno voleva dimostrare solo la validità della propria tesi?

La ricerca dimostra che i consumatori di beni e servizi agiscono esattamente nello stesso modo. Prova a mettere della Pepsi in una lattina di Coca e viceversa, e fai fare una prova di assaggio.

In "Chi manipola la tua mente?", edizione Giunti, Anna Oliviero Ferraris racconta di uno degli esperimenti più citati sul fascino che un logo può esercitare sui consumatori realizzato nel 2003 a Houston da Read Montague e collaboratori: l'obiettivo era quello di capire su che cosa si basano le preferenze per la Coca-Cola e la sua diretta concorrente, la Pepsi. Ciò che emerse fu un sorprendente divario tra il gusto e la vista. Allorché le "cavie" bevevano l'una e l'altra bevanda con gli occhi bendati, senza sapere quale delle due bibite stavano gustando, le preferenze si distribuivano equamente tra l'una e l'altra; ma quando l'identità del prodotto era visibile, i soggetti esprimevano una netta preferenza per la Coca-Cola. Grazie alla risonanza magnetica i ricercatori poterono seguire l'attività cerebrale delle "cavie" riuscendo a dimostrare che le due situazioni non attivavano il cervello nello stesso modo: la prima (occhi bendati) coinvolgeva l'area cerebrale del cosiddetto nucleo accumbens (o stretto ventrale), una struttura cerebrale legata alla sensazione del piacere; la seconda invece (lattina con logo visibile) attirava le zone coinvolte nel controllo cognitivo (la corteccia prefrontale mediana) e in particolare la memoria che consente di prefigurare un'azione, una scelta. Nel vedere il logo le persone non solo percepivano le sensazioni legate al gusto ma evocavano anche le immagini, le sensazioni, i sentimenti connessi a quel prodotto (abitudini quotidiane, ricordi, pubblicità).

Insomma, giudichiamo un libro dalla copertina non per il contenuto! Accade la stessa cosa quando entriamo in un ristorante di lusso. I clienti sono estremamente soddisfatti del servizio e giudicano il cibo assolutamente eccellente ancora prima di sedersi a tavola. Commentano e ricordano tutte le storie positive che si raccontano su quel ristorante, mentre trascurano quelle negative.

La realtà è sempre filtrata dalla storia che abbiamo in testa. Ci aspettiamo che accada una certa cosa e la nostra mente la fa accadere. Siamo noi che cerchiamo conferme a ciò che vogliamo dimostrare. Vediamo solo ciò in cui crediamo.

Conoscendo questi meccanismi, è facile indurre le persone a credere che una certa cosa rivesta caratteri di eccellenza anche se non è vero.

Le storie ci sono indispensabili perché la mente è incapace di monitorare l'enorme afflusso di informazioni che riceve.

Stupisce la velocità con cui formuliamo il giudizio su un venditore, la copertina di un libro, una persona, un prodotto. Bastano pochi secondi! Questo conferma la nostra inclinazione a formulare giudizi istintivi, sulla base di una piccola quantità di informazioni.

I nostri progenitori hanno potuto sopravvivere nella giungla solo grazie alla capacità di formulare giudizi istantanei. Se avessero dovuto riflettere per una settimana per capire se si potevano fidare di qualcuno, sarebbero morti all'istante.

Il Cervello ci impone di difendere le nostre decisioni. La gente detesta dover ammettere di essere in torto e distorce le proprie percezioni dei fatti pur di confermare il giudizio iniziale. Per questo si litiga. Perché nessuno ammette di aver sbagliato. E ogni volta che si è affermato qualcosa, anche se la realtà oggettiva dimostra il contrario, si insiste nel portare avanti la propria teoria. Non è assurdo?

Ti è mai capitato di discutere con un tuo amico o amica e di pensare che le domande incalzanti che ti sta ponendo servono solo a metterti in trappola per dimostrare che ha ragione?

Sempre in virtù di questo principio, si spiega come l'elettorato continui a sostenere uomini politici che non mantengono le promesse.

Se hai acquistato un libro ultimamente o se hai visto un film al cinema, probabilmente lo hai fatto perché:

1. ti è stato consigliato da un collega o amico...

2. hai letto il retro della copertina o del dvd, o la locandina del film, e hai pensato che fosse interessante...

3. era esposto in bella vista sullo scaffale e in qualche modo hai pensato che fosse importante...

4. hai già letto o visto un altro libro o film dello stesso regista, autore, attore, ecc...

Chiaro? I motivi possono essere centinaia, ma neanche uno riguarda la conoscenza diretta del prodotto (il libro, il dvd, il film, ecc.)

Hai visto il film perché ti sei raccontato una storia e l'hai raccontata ai tuoi amici: "Dai andiamo! Vediamo questo, dice che è bello... parla di... deve essere interessante... c'è tizio, quello che ha fatto... è lo stesso attore di....".

Tutte storie. Le storie funzionano perché i consumatori acquistano cose di cui non hanno bisogno. Oggi la nostra società è più ricca che mai. Anche i cittadini più poveri possiedono un televisore a colori e un'auto e hanno scorte di cibo per la famiglia.

I consumatori non acquistano cosa di cui hanno bisogno.

I consumatori acquistano cose che desiderano per la sensazione che queste suscitano in loro.

La gente acquista cose perché magari dà loro un senso di prestigio, di sicurezza o di appartenenza ad un gruppo. La gente bada alla confezione, al packaging, all'approvazione degli amici e all'esperienza di mettere in tavola una bella bottiglia di vino, piuttosto che al sapore. Badano ancor di più al trattamento che ricevono quando il prodotto si guasta che alla competenza del negoziante.

La gente desidera ciò che altri desiderano. Vuole vedere un film perché se né è parlato bene. Vuole acquistare da un negozio perché il commesso è onesto. Vuole andare da un avvocato perché è gentile. La gente non è così condizionata dalla moda da ignorare l'utilità di ciò che acquista, *ma è l'utilità del prodotto il principale elemento che condiziona i suoi desideri? Assolutamente no!*

Credi che non esista qualcuno capace di preparare un panino più buono di Mc Donald's?

Mc Donald's Non vende panini. Ma storie. Mc Donald's vende una Filosofia di Vita. Vende la possibilità di stare con i propri figli, di renderli felici. Di vederli giocare con la sorpresa che trovano nell'Happy Meal. Di essere avvolti nei colori. Di sentirsi meno provinciali. Di stare tutti insieme. Cosa c'entra questo con un panino tiepido e delle patatine surgelate?

Spesso, occupandomi di formazione e coaching nel campo della comunicazione per la vendita, assisto a riunioni in cui ci si arrovella per capire i motivi dell'andamento insoddisfacente delle vendite. Si parla di qualità, di velocità, di prodotto, se ne valuta l'utilità e non si capisce perché la gente preferisce la concorrenza. La risposta è semplice: il consumatore non ha bisogno di ciò che vendiamo. *Il consumatore acquista ciò che desidera.*

La gente acquista la sensazione che prova dentro. Acquista la storia che gli hai raccontato.

Qualcuno potrebbe obiettare: ok, ma la gente guadagna poco, c'è la crisi, e in questo periodo, è attenta a come spende, e si limita a acquistare cose utili e non sperpera soldi in capricci, oggetti superflui, privi di valore reale. E allora perché acquistiamo costosissimi capi d'abbigliamento, ceniamo in ristoranti cari e di tendenza, e appena possiamo viaggiamo in tutto il mondo?

Perché abbiamo tutti almeno 2 o 3 televisori a casa, e magari Full HD. E' necessario?

Perché non scegliamo di comprare tutti un'auto poco costosa o usata? Se lo scopo di un'auto è di condurci da casa al lavoro e viceversa, una costosissima BMW non è una scelta razionale. C'è una logica in tutto questo?

I desideri sono l'elemento principale del prodotto. Gli aspetti irrazionali incidono fortemente sull'acquisto. Ad esempio, l'impatto psicologico di un assistente di volo scortese è più importante della perfetta puntualità del volo. L'entusiasmo che dimostra la cameriera di un bar alla mattina quando ti vede arrivare al banco per ordinare è più importante della qualità del caffè.

Però attenzione, per lo stesso principio il cliente che riceve una pizza fredda, giudicherà scadente la pizzeria, non il cameriere che ha dimenticato di servire quel tavolo. Il cliente che trova una receptionist scortese, sarà incline a giudicare negativamente il servizio di tutto il personale dell'albergo.

La gente solo dopo aver esaminato in modo rapido e approssimativo l'automobile, il fornello, la casa decide velocemente di NON acquistarli. Decide di Non votare per un candidato senza conoscere il suo programma e il suo operato.

Esiste gente che non crede nella pubblicità e nel marketing. Se si accorge che gli stai raccontando una storia, non ci crede. Se dovessi pubblicizzare il tuo studio professionale come il migliore della città, non ci crederebbe. Se dici di avere ottimi prezzi o di eccellere in qualche servizio, non ci crederebbe.

Godin è convinto che *"non basta inventare una storia a tavolino e aspettarsi che i consumatori ci credano solo perché così deve essere."*

Per ottenere l'attenzione del pubblico, bisogna raccontare una storia d'amore credibile e, non appena ottenuta la sua attenzione, giocare le proprie carte. I consumatori sono persone intelligenti.

Ci sono agenzie, negozi, ecc. che, nei manifesti pubblicitari, si definiscono con "la migliore qualità" e si aspettano che quella frase convinca tutti. Non si può pubblicizzare un ristorante per l'ottimo prezzo e aspettarsi che il pubblico accorra.

Questo è un aspetto difficile nella Comunicazione. Reclamizzare le proprie qualità, evidenziare i benefici, dare garanzia di rappresentare la soluzione migliore per un certo problema non genera vendite. Il pubblico non è disposto a credere a quelle chiacchiere. Il consumatore è molto più disposto a credere alle conclusioni cui perviene personalmente. **E' qui che si dimostra la vera arte della comunicazione ipnotica.**

In molti casi, la pubblicità, i grandi cartelloni e il telemarketing sono il modo peggiore per diffondere il messaggio: il pubblico li nota, ma non vi da credito. Per avere la sua fiducia, bisogna proporgli una novità sufficiente da indurlo a scegliere di soffermarsi.

Il compito della Comunicazione è creare una Storia talmente straordinaria da indurre la gente a parlarne. Lo ribadisco: a diffondere le idee non è il messaggio pubblicitario gonfiato, ma sono le storie che si costruiscono attorno ai prodotti e ai servizi straordinari.

La storia deve essere... ipnotica.

Interviene a questo punto **il concetto di Credibilità**!

Solo l'azienda, l'associazione o il professionista che si dimostra credibile può avere la certezza che la storia sia coerente al punto di influire sul maggior numero di persone.

La questione, dunque, non è la quantità di risorse di tempo e denaro da destinare alla cure del logo o del manifesto pubblicitario o del sito web. Sono tutti ugualmente importanti. Ma in mancanza di coerenza e credibilità, non servono a nulla. Se invece si riescono a coprire tutte le possibili "prime impressioni", ponendo il Cliente in condizione di trasformarle in una storia coerente, la sfida è vinta!

Sicuramente avrai un'idea che ti sta a cuore. Ti farebbe piacere riuscire ad appassionare nuove persone al tuo stesso hobby. Vorresti nuovi sostenitori per il tuo amico che si candida in politica. Ti piacerebbe ricevere una risposta affermativa a un appuntamento importante o magari una proposta interessante.

Se hai dei dipendenti, sicuramente desideri che s'impegnino oltre le tue stesse aspettative. Se fai domanda di finanziamento, sono certo che speri di ottenerlo.

E' inutile negarlo. Tutti abbiamo bisogno di Motivare gli altri comunicando in modo Persuasivo. Qualcuno non sa come fare o, peggio ancora, è convinto di esserne inadeguato. Non è così. La verità, molto semplicemente, è che non sa raccontare storie. Per il momento.

3. Cos'è la Comunicazione Ipnotica

Per capire l'ipnosi bisogna capire che i fatti reali sono del tutto irrilevanti. L'unica realtà è quella in cui crediamo.

Se crediamo che il gelato artigianale sia migliore di quello industriale, sarà così (anche se non è vero). Se crediamo che una maglietta firmata sia migliore di un'altra, sarà così.

E se io credo che l'abbigliamento firmato sia migliore, io farò di tutto per guadagnare di più, e questo condizionerà le mie scelte. A quel punto mi dirò che "Con questa crisi non si riesce a campare". Questa è la Mia Realtà. E voterò il politico che mi racconta la storia che non si arriva alla terza settimana del mese e che è arrivato il momento di investire sulle persone!

La realtà non esiste. Esiste solo la nostra realtà. E ci piace chi ci racconta storie che corrispondono alla nostra Filosofia di Vita.

Alcune persone credono che dopo la morte ci sia un luogo meraviglioso chiamato Paradiso, e di conseguenza rispettano certi precetti morali per meritarselo. Questa è la loro realtà.

Altra gente crede che gli uomini convivano con gli spiriti dei defunti e parlano con loro, come se fossero presenti tra di loro. Questa è la loro realtà.

Le religioni raccontano delle Storie Emozionanti.

Voglio premettere che noi tutti crediamo alle storie quando sono convincenti.

Il consumatore desidera essere felice, così si racconta una storia, una narrazione appassionata che gli spiega come il nuovo acquisto risponda ai suoi bisogni.

I bisogni sono solo la giustificazione dell'acquisto, non la motivazione. La reale motivazione è il desiderio.

Immagina una ragazza che entra in un negozio di calzature. Pensi che abbia scelto un paio di scarpe da 300 euro, quasi un terzo del suo stipendio, perché le avrebbe sostenuto meglio il piede? Credi che si sia chiesta di quale materiale fossero fatte le suole o se le cuciture fossero abbastanza resistenti?

Assolutamente no.

Ha immaginato e sentito come l'avrebbero fatta sentire *dopo averle acquistate*! Si è proiettata nel futuro! Ha provato, in un istante, il piacere di godere degli sguardi dei suoi amici, quando si fossero accorti che indossava un paio di scarpe all'ultima moda. Si è immedesimata nell'idea di potersi vestire e di sembrare una vera professionista che, se vuole, può permettersi di acquistare un paio di scarpe costosissime. Insomma, si è raccontata una storia.

Il prodotto che ha acquistato non sono "le scarpe" ma la sensazione che ha provato nell'acquistarle. Avrebbe potuto comprare un paio di scarpe perfettamente adeguate ai suoi bisogni a un prezzo di gran lunga inferiore. Il marketing le ha venduto una storia che l'ha fatta sentire speciale. Le storie (non le caratteristiche del prodotto e neppure i suoi vantaggi) sono l'Ipnosi.

Le Storie sono convincenti. Sono convincenti non perché riguardano i fatti reali, ma perché sono coerenti con la nostra Filosofia di Vita e credibili. I consumatori, abilissimi nel percepire la mancanza di coerenza, non si lascerebbero mai persuadere dalle lusinghe di storie improvvisate.

Le Storie migliori promettono un'esperienza che vale la pena di ascoltare. La loro promessa è forte, coraggiosa, non solo accattivante e straordinaria, perché, se non fosse tale, nessuno se ne innamorerebbe.

Per poter Comunicare in modo ipnotico bisogna conoscere come funziona il cervello.

E come sostengono due specialisti di neuroscienze, Sandra Aamodt e Sam Wang, conoscere il tuo cervello può essere divertente e utile. Ti indicherò alcuni semplici metodi che ti consentiranno di sfruttarlo meglio e ti aiuteranno a Comunicare in modo più produttivo e felice. Ma devi sapere una cosa importantissima, subito: il tuo cervello ti dice un sacco di bugie.

Mi dispiace doverti comunicare questa notizia, ma è proprio così. Persino quando sta facendo qualcosa di fondamentale e difficile, in realtà non si rende conto di molte delle cose che succedono.

In linea di massima fa un ottimo lavoro, sgobba per aiutarti a sopravvivere. Ma dato che spesso devi reagire con rapidità, di solito il tuo cervello preferisce ottenere in fretta una risposta approssimativa piuttosto che dover aspettare per averne una precisa. Il più delle volte, diciamo, prende delle scorciatoie.

Uno dei miei obiettivi è di aiutarti a capire di che tipo siano le scorciatoie di cui si avvale il tuo cervello. Saperlo ti renderà più facile applicare le tecniche ipnotiche e comunicare in modo più efficace.

Il cervello, nella maggior parte dei casi, privilegia la velocità, preferisce interpretare gli eventi sulla base dell'esperienza pratica. Lo abbiamo già visto. Acquistiamo un televisore o una borsa solo in base ad un logo o a quello che ci dicono i nostri amici, e lo facciamo perché desideriamo possedere quel prodotto, prima ancora di conoscerne le caratteristiche tecniche. Ci raccontiamo delle bugie per giustificare i nostri desideri e poterci dire che ne abbiamo assolutamente bisogno.

Infatti nello spot della nuova Renault Clio Monovolume si vede un ragazzo che esulta felice quando la moglie gli comunica che aspettano un figlio. Finalmente era arrivata la scusa per acquistare l'auto che desiderava!

Le nostre esperienze creano le nostre più profonde convinzioni, e le convinzioni influenzano i nostri comportamenti.

Lo psicologo Daniel Kahneman ha vinto il premio Nobel per l'economia grazie ai suoi studi su come le intuizioni dettate dall'esperienza pratica influenzano il comportamento nella realtà. La conclusione sostanziale delle sue ricerche è che il pensiero logico richiede un grosso sforzo. Cerca per esempio di risolvere in fretta questo problema. Mazza e palla da baseball costano un euro e dieci centesimi in totale. La mazza costa un euro più della palla. Quanto costa la palla? La maggior parte delle persone risponde dieci centesimi: è una soluzione intuitiva ma sbagliata, infatti la mazza costa un euro e cinque centesimi, la palla cinque centesimi. Scorciatoie mentali come questa sono molto comuni.

E' lo stesso motivo che ha obbligato il governo italiano a costringere gli automobilisti ad indossare la cintura di sicurezza per legge, cioè con la minaccia di una multa. Pensaci bene: in Italia muoiono circa 5000 persone l'anno per incidenti stradali e ogni santo giorno tutti i mezzi di informazione ce lo dicono e ce lo fanno vedere! Sarebbe logico non correre in auto. Invece, nonostante ciò, per salvaguardare la nostra vita e quella degli altri, occorre che lo Stato emani una legge. In altre parole: ci motiva di più una contravvenzione di 30 euro che la paura di morire!

E' lo stesso motivo che ha obbligato il governo italiano a costringere i fumatori a Non fumare nei luoghi pubblici, cioè con la minaccia di una multa. Anche qui, pensaci bene: in Italia muoiono migliaia di persone l'anno per cancro ai polmoni causati dal fumo passivo e occorre una multa? Non è un paradosso?

Quello che la gente si racconta è ciò in cui vuole credere. E se lo racconta per creare la realtà che desidera!

La realtà per ognuno di noi non è altro che ciò di cui è convinto e ciò in cui crede. Se quindi cambiamo le convinzioni di una persona, cambiamo anche la sua realtà!

Spettacolare! Non trovi?

Ora che abbiamo chiarito che non esiste una realtà oggettiva, ma che ognuno di noi crede in una sua realtà, possiamo finalmente comprendere l'ipnosi.

Tramite la Comunicazione Ipnotica noi raccontiamo storie convincenti che creano nuove realtà!

Forse ti sembra ancora un po' complesso questo concetto, ma tra poco sarà molto più semplice. Sappiamo che nell'immaginario collettivo l'idea dell'ipnosi è molto condizionata da quella dell'ipnotizzatore da palcoscenico per il suo forte impatto spettacolare.

Ci sono parecchi miti che vengono tuttora propagati dal cinema e dalla televisione a proposito della pratica di ipnosi. Per motivi di spettacolo, viene presentata come una sorta di controllo della mente da parte di un ipnotizzatore. Secondo questo stereotipo culturale, si è portati a credere che una persona possa ipnotizzare un'altra, con la possibile conseguenza negativa di indurla a compiere qualcosa di antisociale.

Grazie al lavoro di Milton Erickson (1901 – 1980), il fondatore dell'Ipnosi Moderna, molti miti sono stati sfatati. L'ipnosi Ericksoniana non è un'azione che una persona compie nei confronti di un'altra. E' caratterizzata invece dalla completa assenza di qualsiasi forma di manipolazione, gioco di potere o prestigio, ed è il risultato di una relazione di fiducia reciproca che viene instaurata tra due persone, l'ipnotista ed il suo ricevente. In questa relazione in cui ambedue sono in uno stato alterato, l'ipnosi è essenzialmente una comunicazione di idee.

L'Ipnosi conversazionale (Conversational Hypnosis) è una metodologia che porta le persone con cui si interagisce a vedere le cose a modo tuo.

La tecnica è frutto di un metodo specifico applicato al linguaggio, in grado di influenzare positivamente le persone che ti ascoltano.

L'ipnosi conversazionale - tecnicamente ipnosi ericksoniana - è molto simile ad una normale conversazione, ma induce una trance ipnotica nel soggetto, per poi comunicare con l'inconscio dell' interlocutore.

Non è un trucco ma una vera e propria metodologia, tramite cui l'oratore cattura l'attenzione dell'ascoltatore, tenendolo concentrato sulle proprie parole, con il risultato finale di influenzarne le decisioni a livello subconscio.

Milton H. Erickson parlava di una "comune trance quotidiana", per indicare quel momento di "assenza", o di interruzione dei legami con la realtà esterna, che tutti viviamo anche più volte in una giornata. Basti pensare a quando, assorti nella lettura di un libro, arriviamo alla fine della pagina e non ci ricordiamo cosa abbiamo letto. Forse non abbiamo neanche letto. Eppure seguivamo il rigo. Oppure, quando guidiamo l'auto percorrendo il solito tragitto, magari fermandoci a semafori, incroci, stop, facendo attraversare i pedoni e quasi senza rendercene conto, arriviamo a destinazione senza ricordarci la strada che abbiamo percorso. Oppure quando non ci ricordiamo dove abbiamo parcheggiato o quando guardiamo un programma televisivo senza cogliere ciò che sta trasmettendo. Spesso accade che, in cucina, posiamo un oggetto in frigo, o nella dispensa e poi ci accorgiamo che non bisognava posarla lì. E durante queste attività non ci rendiamo conto di cosa stiamo facendo. Siamo presenti e assenti allo stesso momento. *Siamo in un leggero stato di trance.*

L'ipnosi può essere indotta anche attraverso la scrittura, immagini, attraverso la pubblicità.

Come afferma Thorsten Havener in "So quel che pensi", edito da Tea, *"una suggestione è una suggestione, indipendentemente dalla fonte attraverso cui ci arriva"*, come i pubblicitari sanno bene. Le tecniche in questione costituiscono la base delle metodologie di vendita più aggressive del mercato.

"Agganciare l'attenzione del soggetto costituisce il primo passo di un'induzione ipnotica, successivamente la struttura sviluppa nel lettore un interesse sempre crescente cosicché alla fine si trova talmente interessato dalla lettura, che il mondo si allontana, proprio come durante un'induzione ipnotica reale, e tutto quello che

il lettore sente, vede, pensa, è quello che sta leggendo". A quel punto, qualunque cosa si scrive, a patto che il lettore reagisca al contenuto sviluppando immagini mentali, è scrittura ipnotica.

Molte di queste tecniche si sono sviluppate per il marketing, e mescolano liberamente PNL (Programmazione Neurolinguistica) e più in generale il linguaggio ipnotico: presupposizione, domande, doppi legami, etc.

Il messaggio ipnotico deve contenere le suggestioni chiave: e se una persona è minimente interessata all'acquisto, alla fine della lettura sarà impaziente di fare l'ordine. E' possibile quindi scrivere un'induzione, come una brochure, un minisito, una landing page, ecc. e poi consegnarla al cliente.

La scrittura ipnotica utilizzata per la vendita e il marketing dei prodotti ha le stesse regole utilizzate per la suggestione ipnotica a scopi terapeutici. Bisogna creare un contesto e inserirvi dentro le suggestioni opportune.

Come sostiene Giorgio Nardone, fondatore insieme a Paul Watzlawick del Centro di Terapia Strategica, e direttore della scuola di comunicazione e problem solving strategico, della scuola di psicoterapia breve strategica di Arezzo e docente di tecnica di psicoterapia breve, *"...è necessario sgomberare il campo da un pregiudizio moralista rispetto alla comunicazione che induce cambiamenti nell'altro, ossia il linguaggio persuasorio. Dietro questo pregiudizio sta l'idea, del tutto infondata, che possa esistere un modo di comunicare che non influenzi l'altro. Qualunque interazione tra due persone, che si voglia o no, consapevolmente o inconsapevolmente, rappresenta un processo di influenzamento reciproco. Considerato questo, possiamo decidere di fare come lo struzzo che mette la testa sotto la sabbia quando è braccato da un predatore per non vederlo; oppure decidere di imparare a utilizzare il linguaggio persuasorio. Lo strumento in sé non è mai né buono né cattivo, è l'uso che ne facciamo che lo rende tale. Se io decido di non imparare a maneggiare le strategie di comunicazione per mero rifiuto moralistico, devo anche mettere in conto che ne sarò vittima. Se invece imparo a maneggiarle, posso scegliere se utilizzarle o meno."*

"... L'utilizzo di strategie di comunicazione è tacciato di incrinare la spontaneità e la genuinità della comunicazione. Ma anche la spontaneità è mito, poiché nei fatti non esiste mai, ... infatti, come ci mostrano le moderne ricerche neurofisiologiche, tutto ciò che si ripete per un certo periodo diviene automatizzato. La spontaneità, dunque, altro non è che l'ultimo apprendimento divenuto automatico".

Allo stesso modo, se per Comunicazione Ipnotica intendi quella forma di manipolazione, quell'approfittarsi ingiustamente di un'altra persona con mezzi subdoli e insidiosi, privare senza farsi scrupoli un altro essere umano di qualcosa di prezioso per uno sconsiderato tornaconto personale, allora questo non è il libro per te.

Ma se per Comunicazione Ipnotica intendi l'abile uso delle arti comunicative e persuasive, l'impiego accorto del linguaggio, il trattamento assennato dei preconcetti e delle preferenze delle persone, affinché i risultati dei tuoi rapporti con gli altri siano gratificanti e produttivi per tutti, allora continua pure a leggere. Questa è persuasione nel senso migliore del termine. La stessa che useresti per convincere tuo figlio ad andare dal dentista piuttosto che per finirsi i compiti prima di giocare alla playstation. Con la

Comunicazione Ipnotica vivrai e lavorerai in modo più produttivo e armonioso.

Oramai sono tanti coloro che hanno scelto la Comunicazione Ipnotica. Da anni le più grandi società del mondo si affidano ad agenzie specializzate in Strategie di Persuasione Ipnotica, che si basano su processi mentali inconsci. Perché, oltre ad avere un pubblico che guardi i tuoi poster 6x3, che ascolti il tuo spot o visiti il tuo sito, **è importante anche convincere un potenziale cliente ad acquistare o a venire a visitarti.** Conoscere e utilizzare tecniche di persuasione ipnotica è fondamentale se vuoi evitare di sprecare soldi in spazi pubblicitari. La Comunicazione Ipnotica, oltre a raggiungere un numero alto di potenziali clienti già interessati al tuo prodotto o servizio, *ti permette di persuaderli!*

Anche se moltissimi imprenditori o commercianti, quando fanno fiasco con una campagna pubblicitaria, giustificano il loro fallimento con una delle seguenti ragioni:

1) La pubblicità non serve;

2) Ho scelto i mezzi sbagliati;

3) La grafica non era buona!

La questione di fondo è che queste NON SONO le vere ragioni del tuo scarso successo con la Comunicazione.

Il problema non sei tu: il problema sono le TUE AZIONI!

Facciamo un esempio.

Se sei alla guida di un'automobile e vuoi metterla in movimento, devi premere il pedale dell'acceleratore. Se invece premi il pedale della frizione, la macchina non si metterà mai in moto. Puoi schiacciare la frizione anche per un milione di volte ma la vettura non si muoverà di un millimetro! Nemmeno se ti chiami Briatore o Brad Pitt!

La stessa cosa avviene con la Comunicazione. L'inconscio dei tuoi Clienti è come una macchina che risponde in maniera precisa e univoca a determinati comandi, indipendentemente dalla loro volontà e dal loro conto in banca.

Se premi i pulsanti sbagliati (anche per un milione di volte), il risultato sarà sempre lo stesso: un fallimento!

Se invece premi quelli giusti, saranno OBBLIGATI (che lo vogliano o no) a provare attrazione per i tuoi prodotti, anche se tu sei il più sfigato individuo della terra!

Quante volte infatti hai pensato che ci sono "sfigati" di successo? Quante volte hai visto in giro gente "incapace" che possiede tutto ciò che tu hai sempre desiderato?

Nonostante questo, molti imprenditori e liberi professionisti continuano a commettere gli stessi errori; continuano a premere i pulsanti sbagliati sperando che un giorno i risultati cambino. Ma non è così!

E se continui a fare sempre le stesse cose, avrai sempre gli stessi risultati!

Il fatto è che quando tu crei un'attività, non ti viene fornito insieme ad essa il manuale di istruzioni per far funzionare le cose come vorresti. Così sei costretto a premere pulsanti a caso nella speranza che succeda qualcosa. Ma alcune volte tutto va storto!

Ma cosa succederebbe se tu fossi in possesso di quel manuale di istruzioni? Cosa succederebbe su tu sapessi fin da subito quali sono i pulsanti giusti da spingere per scatenare attrazione verso i tuoi prodotti, passione nei tuoi collaboratori, fiducia e stima nei tuoi confronti, ecc.?

Ecco il motivo per cui ho voluto scrivere un Manuale di

Comunicazione Ipnotica. Per il fatto che molti messaggi persuasivi, trasmessi dai mass media, utilizzano proprio queste regole automatiche per indurre la gente ad un certo comportamento di spesa. Vediamo cosa accade nel dettaglio!

4. Comunicazione Ipnotica Avanzata

Se fino ad oggi ti sei accontentato di spendere soldi per la Stampa del tuo materiale pubblicitario, magari per la Creatività nella realizzazione Grafica, senza sapere Come Comunicare con l'inconscio dei tuoi Clienti, come parlare la loro stessa lingua, come entrare nel loro mondo, nelle interpretazioni e convinzioni nascoste, permettendogli di accedere ai loro desideri più profondi...

Se fino ad oggi hai ottenuto risultati, ma vorresti qualcosa in più...

Se fino ad oggi hai fatto ciò che potevi, ma vuoi il Meglio... allora è arrivato il momento di Comunicare ad un altro Livello.

E Ora puoi fare la differenza, perché diversamente dal linguaggio che si utilizza quotidianamente nella pubblicità, il linguaggio ipnotico ha la caratteristica di non trasferire informazioni ma di *evocare uno stato interiore* fatto di emozioni, sensazioni, immagini, suoni, odori e sapori. Con la Comunicazione Ipnotica puoi raccontare la tua Storia e far innamorare i tuoi clienti di ciò che fai.

Ricordati: il linguaggio ipnotico ha la caratteristica di non trasferire informazioni ma di *evocare uno stato interiore* fatto di emozioni, sensazioni, immagini, suoni, odori e sapori.

Vuoi provare? Immagina un limone giallo. Immagina di averlo in una mano e di sentirne la rugosità della buccia. Ora, immagina di prendere un coltello e di infilzarlo nel limone e poi di affondare la lama, mentre dai lati del coltello spruzza vaporoso tutto il succo... ne senti immediatamente il profumo e continui a tagliare fino a quando non hai una metà del limone tra le mani. La prendi e annusi. L'odore è aspro e forte e quasi ti fa lacrimare. Ora dai un morso al limone e senti il succo aspro nella tua bocca.

La senti la saliva nella tua bocca?

E' reale. Vero?

Eppure stavi solo immaginando. Cosa significa questo? Che un'esperienza immaginata vividamente, può corrispondere ad un'esperienza realmente vissuta. Per il cervello non c'è differenza! Con le immagini puoi creare reazioni emotive vere! E se uno studente, prima di un esame, immagina che il professore lo interrogherà proprio su quell'argomento che conosce meno, inizierà a provare ansia. Immaginerà la faccia arrabbiata del professore e il silenzio tutt'intorno. I mormorii degli studenti che assistono all'esame. Prova l'imbarazzo di non sapere dove guardare e cosa dire. E già sente il calore sul suo volto. Il cuore inizia a battergli forte, il fiato si fa corto e già vede il tremolio sulle mani. E sta solo immaginando l'esame. Ma secondo te, quando il professore lo chiamerà per discutere l'esame, con quale stato d'animo si siederà sulla sedia? Sicuro di sé, spavaldo e sorridente, o timoroso, a testa bassa e un po' cupo?

Ti rendi conto del potere dell'immaginazione? E prova ora ad immaginare quanto le nostre parole possono creare immagini nella nostra mente e quindi Emozioni!

Ripeto: noi, con le nostre parole possiamo creare immagini nella nostra mente e quindi Emozioni!

E Obama, essendo un grande comunicatore, lo ha fatto. Le persone sono state convinte non solo dalle sue idee ma soprattutto dall'emozione che è riuscito a trasmettere, attraverso le immagini create dalle sue parole. E chi ha studiato Tecniche di Vendita sa benissimo che non si vendono prodotti ma emozioni, perché, lo abbiamo già detto mille volte, **le persone si attivano ad agire solo sotto la spinta di un forte desiderio.**

I tuoi potenziali clienti, guardando la tua brochure, possono incuriosirsi, possono giudicare carino uno spot, possono ricordare un ritornello sulla radio, possono stupirsi, addirittura sconvolgersi dalla trasgressività di una campagna pubblicitaria, ma non proveranno nulla di talmente emozionante da fargli pensare insistentemente a ciò che fai, al punto da raccontarlo con gusto ai loro amici e parenti e desiderare di acquistare solo ed esclusivamente da te. Questa è solo una delle decine di tecniche ipnotiche che Obama ha usato nella sua campagna elettorale e che lo hanno portato a una vittoria schiacciante senza precedenti.

E questo è quello che accade quando guardiamo un film che ci emoziona: anche se sappiamo che è una finzione, che c'è un regista che ordina le scene e degli attori che recitano. Nonostante tutto, i personaggi del film hanno la capacità di cambiare il nostro stato emotivo. E piangiamo, ci spaventiamo, ridiamo, ci sorprendiamo, ci immedesimiamo nei personaggi attraverso delle strutture neurali ben precise chiamate *neuroni specchio*, che si attivano quando qualcuno entra in relazione con noi.

Puntare al subconscio tramite immagini, suoni e parole è il modo migliore per raccontare la tua storia: l'ipnosi conversazionale applica un approccio comunicativo che permette di parlare alla parte inconscia di chiunque senza incappare nelle resistenze mentali razionali dell'ascoltatore.

Quindi per comunicare in modo efficace e persuasivo servono tecniche e accorgimenti che aiutino le persone ad auto-convincersi *internamente*.

Saranno loro a desiderare e chiedere ciò che fai! Non tu a venderglielo!

5. Utilizziamo i sensi per aumentare le vendite

Ma voglio spiegarti meglio come funziona il processo della comunicazione.

Seguimi bene: l'ipnosi è qualcosa che già conosci e di cui fai esperienza ogni giorno. Si basa sulle capacità innate che abbiamo di creare nella nostra mente immagini, sensazioni, voci, suoni e persino gusti e odori. Ad esempio, quando immagini cosa ti piacerebbe mangiare a pranzo o a cena, o potresti andare sabato sera, ... quando immagini una vacanza o rivedi mentalmente ciò che hai detto a qualcuno... *Vedi* l'espressione sul viso di quella persona? Sei riuscito ad *udire* le sue parole e a sentire la tua risposta? Se è accaduto questo, allora hai *provato* qualcosa. Una sensazione. Bene, eri in una trance ideosensoriale come la definisce Donald Moine in "Vendita ipnotica", edito da Sangiovanni's.

Le persone molto persuasive hanno la capacità di orchestrare immagini vivide che influenzano sia la percezione che l'umore dell'ascoltatore. La Comunicazione Ipnotica usa la *magia delle parole* per condurre i Clienti effettivi e potenziali verso altri mondi fatti di *visioni, suoni* e *sensazioni*.

Per esempio, consideriamo la vendita automobilistica. Da esperto venditore di auto puoi far *vedere* al tuo cliente potenziale un'immagine reale di se stesso dietro al volante. Puoi fare in modo che *senta* il volante nelle mani e che *percepisca* ogni minima buca del terreno mentre guida lungo una strada appena asfaltata. Puoi fare in modo che *veda* i suoi vicini che si girano a guardarlo mentre passa lungo la strada. Puoi fare in modo che *veda* sua moglie che sorride orgogliosa quando svolta nel viale di casa. Puoi fare in modo che *senta* l'odore della macchina nuova e l'odore di quei sedili in pelle.

Il tuo potenziale cliente sentirà il rombo del motore mentre accelera senza sforzo salendo su strade a forte pendenza, e in seguito sentirà i complimenti invidiosi dei suoi amici in ufficio. Tutto questo accadrà prima ancora che il tuo cliente abbia messo piede nell'auto! Da professionista della vendita altamente qualificato, sarai in grado di creare una trance ideosensoriale così realistica da trasformare il tuo cliente potenziale in cliente effettivo. E chiaro?

La Comunicazione può scatenare emozioni. Puoi ricorrere alla trance ideosensoriale anche per evocare emozioni negative che favoriscono la decisione d'acquisto. Mettiamo che tu debba vendere un corso di formazione ad un imprenditore. Puoi ricorrere alla trance ideosensoriale portandolo ad immaginare cosa accadrebbe, in modo realistico, se, ad esempio, uno o più dei suoi collaboratori fosse obbligato a mancare da lavoro. Puoi fare in modo che lui veda realisticamente se stesso sopraffatto dal lavoro, senza sapere che pesci prendere, con l'ufficio che annaspa; puoi fargli vedere che non ci sono i soldi per assumere un sostituto né il tempo per formarne uno nuovo. Puoi fare in modo che senta delle persone che esprimono le loro preoccupazioni, i loro dubbi e i timori su di lui e sulla sua capacità di andare avanti senza i suoi fedeli collaboratori. Puoi fargli provare l'ansia e l'angoscia di non sapere se la sua impresa riuscirà a sopravvivere.

Il messaggio ideosensoriale ipnotico negativo lo convincerà del suo desiderio di frequentare immediatamente un corso di formazione per salvaguardare se stesso e la sua impresa.

A volte acquistiamo una macchina non perché desideriamo a tutti i costi un'auto nuova, ma piuttosto, per evitare di sentirci chiedere: "Perché vai ancora in giro con quella carretta?". La gente desidera prevenire le situazioni avverse.

6. Induciamo i clienti in stati emozionali positivi

Ricapitolando: abbiamo scelto di fare ciò che facciamo con una Filosofia di Vita precisa. Ci saranno persone che applaudiranno della nostra scelta e altre che non la sopporteranno. Abbiamo deciso di comunicare la nostra Filosofia di Vita, non descrivendo prodotti e servizi, ma raccontando una Storia Emozionante e Appassionante, di cui la gente si può innamorare. Abbiamo scoperto che con *la magia delle parole* possiamo creare delle emozioni forti e quindi *una realtà interiore*. E dal momento che non c'è niente di più reale di qualcosa che sentiamo dentro, perché è vero solo ciò che noi crediamo sia vero, e un forte sentimento è reale, crediamo in ciò che proviamo e desideriamo che sia la nostra realtà. Abbiamo ora il desiderio di possedere quella sensazione e di continuare a portarcela dentro, basta acquistare il servizio o il prodotto e il gioco è fatto. Resta solo una cosa: dobbiamo giustificare ciò che stiamo facendo con un bisogno che sia razionale e logico e che possiamo raccontare a chi ci sta vicino.

La parte più importante quindi è Emozionarsi e Desiderare qualcosa. Senza emozione e desiderio non c'è acquisto.

Qualsiasi cosa facciamo, qualsiasi azione è generata da un desiderio!

Allora, come fare per infiammare l'animo dei tuoi potenziali clienti?

Con la vivificazione, cioè il processo di rivivere mentalmente esperienze precedentemente vissute! Viene usata da affamati venditori, politici e leader religiosi, presentatori televisivi, agguerriti pubblicitari per far sì che i loro ascoltatori possano rivivere esperienze già vissute in precedenza. **Lo scopo è quello di attingere a tutte le emozioni positive associate a quelle esperienze (positive).**

Vivificando un'esperienza personale, l'ascoltatore viene indotto in uno stato più emotivo e suggestionabile. Lui o lei entrano in uno stato d'essere di "piacere".

La vivificazione ipnotica si può usare per fare sperimentare immediatamente a una persona uno stato d'animo intenso e preciso.

E' possibile riportare la persona a uno stato di eccitazione, meraviglia e gioia quasi come se fosse un bimbo.

Esempio: prova a ricordare l'ultima volta che hai provato uno stato davvero entusiasmante... quando cioè ti sentivi davvero felice, a mille! Prova a immaginare la scena in cui eri completamente fuori di te. Hai in mente la scena? Vedi perfettamente quello che accade? Ora, ascolta quello che dicevi o ti dicevano... E ascolta quello che provi, dentro, adesso, mentre lo vivi. Lo senti l'entusiasmo?

Far rivivere ai clienti esperienze meravigliose già vissute è molto potente ed efficace nel suscitare un comportamento d'acquisto immediato! Chi sperimenta quest'emozione positiva saldamente ancorata è difficile che sia critico. Rivivendo questa esperienza entra in uno stato alterato di coscienza fortemente positivo.

Questo è quello che fa la Comunicazione Ipnotica. Passando poi dalle esperienze positive trascorse a quello che offri tu, oggi, si trasferisce in maniera efficace l'emozione positiva del passato al tuo prodotto o servizio del presente.

Esempio:

"Quanti anni hai? Avremo più o meno la stessa età. Quindi, ti ricordi sicuramente quando si giocava nei cortili... quando ci lanciavano la merenda dal balcone... e si poteva lasciare la porta di casa aperta. Ricordo ancora mia madre, quando ero adolescente, e rientravo tardi la sera, in estate, che mi lasciava le chiavi sotto al tappetino... senza alcun timore... Sarà per quello che mi sono così appassionato ai sistemi di sicurezza! Non lo so. Quello che so, è che oggi, voglio che il mio bimbo dorma senza preoccuparsi di rapine o crimini!".

Questo è un esempio di frase che potrebbe pronunciare un venditore di sistemi di sicurezza.

A questo punto il cliente dovrebbe iniziare a raccontare la sua storia. Come si comportavano i suoi genitori e soprattutto dovrebbe descrivere *cosa provava* allora. E mentre il cliente rivive quella "calda" sensazione di sicurezza, tu puoi fargli sapere che può sentirsi ancora così, ora, acquistando uno dei tuoi sistemi di allarme di alta qualità. La notte potrà ancora dormire come un bimbo senza preoccuparsi di rapine o crimini.

Per Comunicare in modo realmente efficace occorre richiamare alla mente del tuo Potenziale Cliente un'esperienza passata nella quale è probabile sia racchiusa la reazione desiderata. Per esempio, se vuoi che il tuo interlocutore provi una reazione di piacere, chiedigli di ricordare una reazione di piacere. Così facendo, la persona farà riemergere, con quel ricordo, molti dei sentimenti provati al momento di quell'evento.

Lo scopo di estrarre certe reazioni è creare un terreno più favorevole e ricettivo.

Mi spiego meglio: se vuoi baciare una persona, non puoi farlo mentre discuti di politica e sei concentrato sull'idea del federalismo fiscale. Puoi baciarla quando senti dentro un *qualcosa* di talmente attraente e coinvolgente che sembra magia. Giusto? Per avere questa sensazione piena nello stomaco hai bisogno di essere rilassato e affabulato da un'atmosfera incantevole e avvolgente.

In base allo stato mentale, ai suoi sentimenti, alle cose cui sta prestando attenzione, quella persona accoglierà le tue idee e i tuoi suggerimenti.

Se vuoi che una persona scelga te come consulente informatico devi portarlo in uno stato emotivo di desiderio. E' inutile che gli parli di codici, processori e ram. Devi estrarre dalla sua immaginazione la reazione emotiva che desideri. Se vuoi che senta l'urgenza di cambiare il suo computer, allora raccontagli la storia di un tuo amico che aveva lo stesso suo pc, e che era convinto di poterlo utilizzare per altri anni. Poi un giorno, mentre scriveva la tesi di laurea, si è spento. Puff! E' morto. E addio tesi...

Solo così, quando presenti la tua proposta, aumenti le possibilità che questa sia accettata favorevolmente e messa in pratica.

Ad esempio: se un tuo collaboratore ha accettato la proposta economica di un tuo concorrente e tu vorresti che lavorasse ancora per te ma non puoi aumentargli lo stipendio...

Allora, senza ragionamenti su costi e ricavi, puoi semplicemente ricordare, insieme a lui, i bei momenti trascorsi insieme. Mentre ti racconta le esperienze più divertenti rivive quell'emozione e quel piacere associato all'esperienza che sta raccontando. Quando l'emozione riattivata raggiunge il culmine, puoi connettere quel particolare stato d'animo al fatto di lavorare con te.

7. Creare Neuro Associazioni

Adesso che conosci la vivificazione ipnotica possiamo scendere più in profondità e parlare di una forma psicologica di condizionamento ancora più specifica. Il condizionamento pavloviano.

Ivan Pavlov, era un grande fisiologo (premio nobel nel 1904). Il suo esperimento più importante è quello dei RIFLESSI CONDIZIONATI. Fece un esperimento, dimostrando infatti che la risposta riflessa di un animale al cibo (salivazione) può essere indirizzata a uno stimolo del tutto irrilevante (un campanello) semplicemente collegando le due cose: la presentazione del cibo al cane era sempre accompagnata dal suono del campanello, ben presto l'animale cominciava a salivare in risposta al suono anche in assenza di cibo. E' evidente che le reazioni normali al cibo si possono trasferire ad altre cose attraverso il processo associativo (neuro associazioni o ancoraggi).

Analogamente, la vivificazione ipnotica può collegare psicologicamente il tuo prodotto o servizio a esperienze o emozioni molto positive che il tuo cliente ha già vissuto. L'idea è che la risposta al cibo della salivazione dà la possibilità di condizionare una reazione positiva a qualunque stimolo che venga associato strettamente ad esso. E' chiaro che l'idea pubblicitaria di associare ad un prodotto un Logo, un jingle, una frase, ecc. si fonda sullo stesso principio.

Crea quel legame pavloviano tra la sua sensazione del passato e quella che può provare oggi, grazie al tuo prodotto. Il tuo prodotto è il campanello pavloviano che lo indurrà alla "salivazione".

Comunicando alle più potenti risorse inconsce riusciamo ad ottenere le risposte desiderate! E' il percorso per cui un ricordo, una sensazione si associa a qualcos'altro... E' un processo naturale che ha luogo senza che ne siamo consapevoli. Per esempio, in passato avrai avuto qualche esperienza piacevole, giusto? Ad esempio, la prima volta che ti sei innamorato! O altre circostanze... che quando ci ripensi, o qualcuno te le ricorda, sperimenti nuovamente alcune sensazioni piacevoli.... vedi alcune scene, ricordi alcune parole... provi alcune emozioni...

Basta vedere una foto per riprovare delle sensazioni piacevoli, divertenti, basta un luogo... una città, un profumo... un oggetto...

Quante volte basta ascoltare una canzone per ricordare dei bei momenti del passato?

Sfogliare un album di foto di famiglia fa emergere piacevoli ricordi e alcune sensazioni ad essi associate.

Una vecchia canzone risveglia altri ricordi e altre emozioni.

Il profumo di un dolce appena sfornato richiama un allegro e spensierato ricordo d'infanzia.

Un gesto fatto da uno sconosciuto te ne ricorda uno che faceva sempre un tuo genitore quand'era arrabbiato, e provi una momentanea sensazione di panico.

Per esempio, se vuoi chiudere una relazione d'amore e il tuo partner ti ricorda i bei momenti d'intimità, quando eravate davvero felici e sognavate un futuro sempre insieme, avrai difficoltà a dirgli quali sono le tue reali intenzioni, perché quei ricordi (del passato) innescano delle emozioni che tu provi nel presente, ed è difficile dire ad una persona qualcosa che è in contrasto con la forte emozione che si prova dentro. Ricordati: la realtà è ciò che proviamo. Quindi se proviamo amore, in quel momento, è difficile dire ad una persona che non l'amiamo. E' più probabile che la baciamo.

Per poi pentirci.

Stesso meccanismo si crea quando, con il nostro partner, usiamo i nomignoli: puccettina, fragolina, tesorino, morbidino, farfallina, pupazzetto, ecc.

Ogni volta che verrà pronunciata quella parola specifica, immediatamente saranno evocate delle emozioni specifiche, associate a quei momenti di intimità in cui è stata pronunciata.

E allora quando realizzo e progetto un Logo non faccio un disegno a caso, freddo, razionale e inespressivo. Il Logo deve essere quella parolina che mi evoca emozioni d'intimità. Deve essere quella canzone d'amore che mi catapulta nel passato! E con un Logo devo far riprovare al Cliente quell'emozione ogni volta che lo ri-vede!

Questo meccanismo si chiama ancoraggio.

La maggior parte delle volte non siamo consapevoli del fatto che le nostre reazioni sono *ancorate* a tali "inneschi". Questo rende l'ancoraggio una forza potente nelle nostre vite. E' così potente proprio perché è invisibile.

L'ancoraggio è anche usato da abili registi per evocare suspance nel pubblico. Ti ricordi il film *Lo squalo*? Pensa ai cambiamenti psicologici che si verificavano in te quando sentivi il ritmo martellante e crescente della colonna sonora, nei momenti che precedevano ogni apparizione dell'enorme squalo assassino. Quale àncora ha stabilito in te il crescendo della musica insieme alla vista dello squalo? Hai cominciato ad agitarti? Il tuo battito cardiaco ha accelerato? Dovevi vedere lo squalo, oppure la musica martellante era sufficiente a farti scivolare verso uno stato d'animo di tensione?

Questo stesso processo di ancoraggio appare naturalmente e spontaneamente nei nostri rapporti con gli altri.

Quando sei insieme ad un'altra persona che sta provando un'emozione forte, qualsiasi cosa tu faccia o dica in quel momento viene associata a quell'emozione. Se stai ridendo a creapapelle perché hai sbagliato un termine, ad esempio, al posto di "letto" hai detto a "tetto", non appena pronuncerai la parola "tetto" riscoppierai a ridere insieme all'altra persona.

Di solito questo processo avviene a livello inconscio. Di conseguenza, ogni volta che farai o dirai la stessa cosa nello stesso modo in presenza di quella persona, tenderai a suscitare in lei una parte della sensazione provata in passato. Questo è il meccanismo che utilizzano i comici per far ridere, e per creare dei tormentoni che li rendono unici.

E' per questo che a volte *basta uno sguardo* del genitore per far obbedire i bambini. Evidentemente quello sguardo in passato è stato associato a paura, terrore, punizioni, e quindi basta quello sguardo, come il campanellino di Pavlov, per far emergere la paura della punizione.

In *Culture Codes Clotaire*, l'antropologo e psichiatra Raspaille illustra il metodo di lavoro che seguiva quando lavorava come consulente per la Nestlé, la Chrysler, la catena di alberghi Ritz-Carlton. Raspaille conosceva i lavori dello scienziato e studioso del comportamento umano Henri Laborit che, nelle sue pubblicazioni, aveva evidenziato lo stretto legame che esiste tra l'apprendimento e l'emozione, mostrando che senza la seconda il primo è impossibile. Più l'emozione è intensa più l'esperienza si inscrive nella memoria.

Questo è il segreto: più l'emozione è intensa più l'esperienza si inscrive nella memoria. Sai cosa significa? Che con la Comunicazione Ipnotica puoi Creare delle immagini, dei suoni, delle sensazioni talmente intense e vivide che per il cervello corrispondono ad un'esperienza reale. Le puoi far emergere dai ricordi del passato o dal fantasticare il futuro. Le puoi ancorare a qualcosa che desideri, come un prodotto, un servizio, un'idea, una storia... una filosofia di vita...

E quel prodotto, quel servizio, quell'idea, quella storia, quella filosofia di vita s'inscriverà nella memoria per sempre.

Pensa ad un bambino a cui la madre dice di evitare una pentola calda sui fornelli. Questo concetto è astratto fino a quando il bambino non tocca la pentola e si brucia. In quell'attimo di dolore emozionalmente intenso il bambino impara che cosa significano "caldo" e "bruciare" e ci sono poche probabilità che se lo dimentichi. Inconsciamente ognuno di noi dà ad ogni cosa – un automobile, un profumo, certi alimenti, una relazione, una città, ecc. – un codice che nasce dalle proprie esperienze, molto spesso infantili.

Anna Oliviero Ferraris nel suo libro "Chi manipola la tua mente?"

edito da Giunti, descrive perfettamente quello che avviene in molti programmi di intrattenimento (dai talk show del dolore ai reality) i quali, afferma la professoressa, devono il loro successo alla strumentalizzazione delle emozioni. *"A seconda del format, gli ospiti in studio "devono" commuoversi, piangere, accusarsi a vicenda, recriminare, litigare, insultarsi eccetera. Ci sono personaggi che hanno costruito la loro notorietà in televisione insultando, dicendo o facendo volgarità, dando in escandescenze. Gli spettatori cercano emozioni e i media le forniscono. "Se l'emozione che provi di fronte a questa notizia è vera, è vera anche la notizia". "Se ti commuovi e le tue lacrime sono vere, l'evento che ha causato le lacrime è vero".*

Ci sono dei termini, continua la professoressa Ferraris, in gergo massmediologico, che danno l'idea di come si può intervenire sulle emozioni, sull'immaginazione del pubblico e anche sul modellamento dell'opinione pubblica. La parola "mediatizzate" indica, per esempio, un tipo di operazione volta a romanzare la realtà. Oggi si parla più precisamente di infotainment. Per esempio, l'argomento proposto in trasmissione è serio, ma in studio la soubrette mostra le gambe su fino all'inguine. Ci sono ospiti competenti e ospiti che sono stati invitati per fare spettacolo: con il loro look e le loro battute devono creare l'atmosfera lieve e disimpegnata. *"Bisogna scongiurare il pericolo che lo spettatore se ne vada facendo "zapping" su un altro canale. Molti uomini politici non solo accettano ma gradiscono e ricercano di trovarsi fianco a fianco con personaggi noti del mondo dello sport e dello spettacolo, cantanti, calciatori e divi del momento, perché sperano che si verifichi un ancoraggio (o meglio, transfert simbolico) tra l'ammirazione che il pubblico nutre nei confronti delle star e la propria persona."*

Ma come funziona in concreto questo meccanismo?

La professoressa Ferarris spiega: *"La vista di un simbolo (persona o altro) produce una sensazione che il cervello cerca di attribuire ad una fonte precisa, se possibile umana (ma può essere anche una T-Shirt o un paio di scarpe, ecc.). La sensazione è allora involontariamente attribuita alla persona il cui viso appare associato a quel simbolo."*

Questo genere di ancoraggio (*transfert simbolico)* è molto sfruttato nella pubblicità, dove è fondamentale, per rendere più persuasivi e accettabili i messaggi, il clima o la "magia" che si riesce a creare.

Di conseguenza il Logo non è altro che un ancoraggio, un transfert simbolico di un'emozione su un disegno. Se manca l'emozione il disegno non ha alcun valore. E' questo che spesso sfugge quando s'investono soldi per rifarsi un logo. In sé, un disegno non ha nessuna forza. Può generare delle potenti emozioni se è la punta di un Iceberg. Se al Logo si associa una Storia, una Filosofia di Vita, allora il Logo sprigiona una forza emozionale impressionante. Il motivo per cui gli Spot Pubblicitari spesso non parlano né illustrano il prodotto è proprio per questo. Pensa allo spot della pasta Barilla, Dolce e Gabbana. Gucci. Levi's. ecc.

Ciò che conta è la storia e l'emozione che riesce a generare. Alla fine della storia si àncora il logo.

Il logo può essere anche il nome di uno studio professionale, di una città, di un monumento, di un personaggio. Se ami un artista in particolare, prova a immaginare di vedere una locandina con il suo nome, e noterai immediatamente che il tuo cuore batterà all'impazzata. Questa è la forza di un logo ancorato.

Altre volte accade che degli amici ci raccontano di essere stati in viaggio in una città meravigliosa. Appena sentiamo il nome di quella città cadiamo in uno stato di pace e benessere profondo, desiderando ardentemente di andarci.

Riempiamo di emozioni e sentimenti dei nomi. E appena qualcuno fa suonare il campanellino iniziamo a salivare.

Ovviamente questo tipo di operazione richiede talento e intelligenza; ma una cosa è la qualità del lavoro dei creativi, spesso di alto livello, e un'altra è l'effetto che il loro lavoro ha sui destinatari dei messaggi. Il messaggio pubblicitario è tanto più efficace e penetrante quanto più il cervello del consumatore è predisposto a recepirlo. Sono stati fatti molti studi per comprendere come reagisce il nostro cervello agli stimoli inviati dalla pubblicità. La conclusione è che lo stimolo ha più successo quando il destinatario non riflette e non presta molta attenzione. Cioè, si trova in uno stato di trance leggera. Di ipnosi.

Negli anni '50 George Miller fece alcune ricerche sui processi di elaborazione delle informazioni che si compiono nel cervello umano. Scoprì che in media un essere umano può gestire al massimo 7 più o meno 2 unità di informazione. Questo significa che, a livello cosciente, le persone possono occuparsi contemporaneamente di una quantità di cose che va da 5 a 9. Raggiunto questo limite o capacità, si entra in uno stato di confusione e sovraccarico, e non è più possibile gestire informazioni. A quel punto, il nostro cervello raggruppa le informazioni in grossi blocchi.

Mi spiego meglio: se ti dico di ricordare questi numeri 837751096734 probabilmente avrai delle difficoltà.

E se ti dico di ricordare questi altri numeri 83 – 77 – 51 – 09 – 67 - 34. Sarà più facile! I numeri sono gli stessi ma il fatto di raggrupparli in blocchi permette al cervello di memorizzarli con più semplicità.

Adesso, veniamo alla realtà: ricordi quando hai imparato a guidare? All'inizio dovevi prestare attenzione a più di una dozzina di cose contemporaneamente (cambiare le marce, guardare lo specchietto retrovisore, guardare lo specchietto laterale, impugnare il volante, inserire la freccia, schiacciare la frizione, mettere a folle, accelerare, frenare, ecc). Gradualmente hai cominciato a raggruppare tante piccole parti di esperienza in unità più grandi, in blocchi di dimensioni superiori, come "cambiare le marce" o "parcheggiare" (che comprende guardare lo specchietto, schiacciare la frizione, girare lo sterzo, ecc.) Poi hai ulteriormente raggruppato queste porzioni e hai imparato a parcheggiare, a svoltare correttamente, a parlare guidando, fumando, ascoltando la radio. Nel corso del tempo hai sviluppato dei blocchi enormi, come "guidare per andare a lavoro", "guidare per andare a casa del tuo amico", ecc. E quindi, per esempio, arrivi all'ufficio senza quasi pensare alla strada che devi fare. E se un giorno devi andare da un'altra parte, e fai la stessa strada per andare in ufficio, ti può capitare di ritrovarti sotto l'ufficio senza saperlo. Man mano che le abilità diventano inconsce, ci si concentra su sezioni sempre più grandi. Lo stesso processo si sviluppa nell'apprendimento di qualsiasi abilità fisica e mentale, come, ad esempio, imparare a ballare, a scrivere: prima impari a fare le stanghette e poi la parola, in stampatello e in corsivo e poi arrivi a scrivere senza neanche pensarci, scrivi e basta!

E' significativo l'esempio dei tacchini. Le mamme dei tacchini sono buone, affettuose, e protettive. Passano gran parte del tempo ad accudire, scaldare, pulire e raccogliere sotto si sé i piccoli. Ma nel loro metodo c'è in effetti qualcosa di strano. Praticamente tutto questo comportamento materno è messo in moto da una cosa sola: il "cip cip" dei piccoli. Per far sì che le mamme accudiscano amorevolmente i piccoli pulcini occorre che facciano solo "cip cip". Se il pulcino fa "cip cip" la madre tacchino si prende cura di lui, altrimenti lo ignora e in quel caso lo può perfino aggredire e uccidere. Infatti, le puzzole rappresentano il nemico naturale dei pulcini, e le mamme li proteggono con tutte le loro forze. Ma se dentro una puzzola di plastica si nasconde un registratore che emette il suono "cip cip" dei piccoli, ecco che la madre non solo l'accetta e la prende sotto l'ala, ma uccide anche i suoi pulcini perché non lo fanno. La puzza delle puzzole, la forma e il colore non contano nulla! Spegnendo il registratore le attacca di nuovo!

Questi sono "schemi fissi d'azione". Una caratteristica fondamentale di questi schemi è che i comportamenti di cui sono costituiti si presentano ogni volta allo stesso modo e nello stesso ordine. E' quasi come se lo schema d'azione fosse registrato nelle testa. Quando c'è uno stimolo particolare è come se si schiacciasse il tasto play e parte l'azione, la sequenza fissa di comportamenti. Questi meccanismi automatici riducono il campo di osservazione e di scelta, limitano le informazioni processate, al fine di adottare una condotta più efficiente.

Questo spiega perché, ad esempio, il prezzo può diventare un segnale di qualità, sufficiente a mettere in moto la risposta programmata, il "cip cip". Se la gente non riesce a distinguere un prodotto di alta qualità rispetto ad uno di scarsa qualità, allora, come uno schema automatico, guarda il prezzo. E normalmente acquista il prezzo più alto.

Ecco perché, a volte, anche il prezzo può essere un'arma di persuasione... ma non è il solo!

La stessa cosa accade con il Marchio. Andiamo in un supermercato e prendiamo un pacco di pasta, o una bottiglia di olio. Non perché abbiamo letto gli ingredienti organolettici, abbiamo valutato la produzione, i macchinari, la densità, l'importazione, la genuinità, ecc. Ma perché abbiamo riconosciuto il Marchio... il Logo... la confezione... i colori....

E qui arriviamo al punto principale della comunicazione ipnotica, come fare per essere persuasivi?

C'è una storia che racconta di un astronauta ateo e un chirurgo credente. Litigavano sull'esistenza di Dio. L'astronauta per sostenere le sue ragioni dice: "Sono andato decine di volte nello spazio, sono andato più lontano che potevo eppure non ho mai visto Dio...". Il chirurgo allora risponde: "Anche io ho operato decine, centinaia di persone, ho aperto tante teste per curare il cervello... eppure non ho mai visto un pensiero!".

La realtà non esiste, esiste solo ciò in cui Tu Credi sia la Realtà. Non le devi sapere le cose, ci devi credere! E' quello che fa muovere il mondo!

8. La Forza Persuasiva

Le tecniche di persuasione pubblicitarie si sono evolute e diversificate. Negli anni il marketing ha trovato teorie psicologiche per sviluppare nuove strategie di vendita. Partiti da un approccio razionale, secondo cui bisogna mettere al primo posto gli aspetti utili del prodotto, gli uomini di marketing hanno scoperto poi, all'inizio del XX secolo, la psicoanalisi che, al contrario di quelle che erano state le credenze sino ad allora, descrive un consumatore alle prese con le sue pulsioni profonde. I desideri inconsci.

Conseguenza pratica: bisogna identificare e poi raggiungere i desideri nascosti, principalmente stimoli erotici, ma non solo.

Nello stesso periodo i lavori dei comportamentisti ispirarono il metodo AIDA, che indica che per convincere bisogna:

1) attirare l'Attenzione;

2) suscitare Interesse;

3) creare il Desiderio del prodotto;

4) convincere all'Acquisto.

Classica scaletta che viene utilizzata nelle televendite. Come sappiamo, le ricerche di Ivan Pavlov sul condizionamento indicarono poi la necessità di accompagnare il prodotto con stimoli in grado di provocare delle reazioni emotive positive e ripetere molte volte lo stesso messaggio per creare un'associazione tra il prodotto e le emozioni dei potenziali acquirenti. Qui inizia la pubblicità più complessa, dove il contenuto del messaggio spesso non coincide con il prodotto. E gli spot iniziano ad essere incomprensibili. Come in un sogno si accavallano immagini prive di una logica apparente.

La forza delle neuro associazioni è tale da far ancorare al prodotto delle persone in carne ed ossa. Per raggiungere più velocemente il risultato e riempire di emozioni un logo, lo si è accostato a personaggi famosi. Dopo la seconda guerra mondiale, grazie agli studi di Elihu Katz e Paul Lazarsfeld, si diffuse la figura del testimonial, che accetta di essere associato ad un prodotto. Col passare del tempo ci si accorge che la marca, il logo o la griffe che dir si voglia può essere più incisiva, in termini di vendite, del prodotto stesso. La marca si stacca idealmente dal prodotto che rappresenta e assume uno status indipendente. Questo significa che s'investe su una marca, la quale racconta una Storia Ipnotica così profondamente potente da infondere fiducia e far innamorare milioni di persone della stessa Filosofia di Vita. A quel punto, con la stessa marca, si possono vendere dai jeans agli occhiali da sole, dai telefoni cellulari alle scarpe.

Oliviero Ferraris sostiene che *"oggi è noto a tutti che i personaggi televisivi, le star del cinema e dello sport che reclamizzano e/o fanno da testimonial ai prodotti commerciali ricevono per queste loro partecipazioni dei cachet consistenti; alla maggior parte degli spettatori, però, continua a sfuggire la pubblicità occulta. Questa forma di pubblicità "invisibile" si sta diffondendo sempre più, anche se si finge che non esista. Di tanto in tanto il programma Striscia la Notizia smaschera questo tipo di pubblicità clandestina raccontando come calciatori, allenatori, show girl e altri personaggi televisivi del momento possano ricevere cifre che*

variano tra i 1.500 e i 20.000 euro per indossare abiti firmati,
orologi e gioielli nel corso di una trasmissione o di una semplice
comparsata. Questo metodo non è nuovo, molti film sono diventati
degli spazi pubblicitari per le aziende che li finanziano. Un esempio
famoso è il film Man in Black che fece triplicare le vendite degli
occhiali Ray-Ban grazie al fatto che gli eroi del film li indossavano."

E' sufficiente che una personalità molto in vista opti per un oggetto qualunque o un capo di vestiario perché questo faccia tendenza, sia desiderato da molti e rapidamente si diffonda, indipendentemente dal suo prezzo.

In un saggio sulle mode, il sociologo Guillaume Erner fa questo esempio: "Se una donna sconosciuta ha l'audacia di indossare dei jeans extralarge pur avendo una taglia piccola, a priori non accade nulla di particolare, a meno che questa donna non si chiami Kate Moss e che decida, come si verificò nel 2007, di indossare dei jeans extralarge che subito hanno fatto tendenza".

Analogo fenomeno: una borsa da donna in sé banale, ma fregiata di un logo altisonante, assume tutta un'altra aura sul mercato ed esercita una forte attrattiva sulle potenziali acquirenti da indurle a non badare a spese pur di procurarsi l'oggetto simbolo. Qual è il meccanismo psicologico sottostante a questo tipo di comportamento?

La gente segue le mode non solo per il piacere della novità, ma anche per mostrare agli altri di potersi permettere degli oggetti costosi e alla moda e quindi acquisire status sociale. Secondo quello che in seguito fu definito "effetto Veblen", il prezzo di un capo di vestiario o di un altro oggetto alla moda non ha soltanto un significato economico o utilitaristico, ma anche un rilevante significato simbolico. E' soltanto rifacendosi a questo meccanismo che, secondo Veblen, si può comprendere perché la domanda per un particolare abito o bene di consumo possa esser tanto maggiore quanto più elevato è il suo prezzo e perché, quindi, per esempio, una banale polo risulti meno desiderabile di un prodotto perfettamente identico dotato però di un piccolo coccodrillo. Il valore aggiunto creato dalla griffe genera desiderio, fornisce appartenenza e sicurezza.

La griffe si fa portatrice di un messaggio che parla dello stile di vita di una persona. Se nel caso del testimonial l'obiettivo era quello di promuovere un flusso comunicativo-affettivo tra il consumatore e il personaggio di prestigio, nel caso della griffe il flusso, è quello che si stabilisce tra il consumatore e la marca, dotata anch'essa di una sua "personalità".

Stessa cosa avviene per un negozio, un locale, uno studio professionale. Quante volte la gente si reca in un centro commerciale solo per il gusto di passeggiare e godersi un pomeriggio? Ciò che desidera è immergersi tra la gente ed essere stimolata dalla vita frenetica dei negozi. A quel punto può trovare tutte le scuse che vuole per giustificare il suo desiderio: che deve acquistare un paio di scarpe, che ha dimenticato di acquistare l'acqua, ecc.

"Leggere" gli umori, i desideri, gli impulsi direttamente nel cervello delle persone è un obiettivo recente legato alla tecnica del brain imaging. La conclusione è che la Comunicazione non deve limitarsi a far sì che il consumatore si riconosca nel prodotto ma, deve anche mobilitare in lui una volontà "arcaica" di appropriarsi dell'oggetto di seduzione. Non si lavora soltanto sulle emozioni ma anche sulle percezioni.

Invece di chiedere alle persone se sono soddisfatte di un certo prodotto senza poter verificare se dicono la verità, si va a cercare direttamente nel loro cervello. Si cerca di identificare le zone del cervello responsabili della secrezione di ormoni per verificare se l'immaginario pubblicitario li attiva. Attraverso la tecnica del brain imaging si cerca di sapere se l'ipotalamo è stato eccitato oppure no.

L'idea di fondo, spiegano Legrenzi e Favrin, consiste nel raccontare che parti diverse del cervello funzionano in modo diverso e che quindi, a seconda dei circuiti neuronali che vogliamo attivare dobbiamo costruire messaggi pubblicitari e strumenti di vendita diversi.

La Comunicazione d'Impresa, che sia un sito web, una campagna pubblicitaria, un catalogo, una brochure, altro non è che una storia ipnotica di profondo assorbimento mentale.

E se dai tuoi investimenti pubblicitari ti aspetti, non solo che attiri l'attenzione, ma che anche qualcuno ti venga a cercare in azienda e che chieda un preventivo, e che dopo aver acquistato, pensi di aver soddisfatto pienamente i suoi desideri, adesso sai che devi utilizzare una Comunicazione di un altro livello. Una Comunicazione in grado di portare il tuo potenziale cliente a immedesimarsi con le emozioni e i sentimenti che desideri, che *modifica il suo stato emotivo e le sue convinzioni.*

Per esempio, mettiamo che un amico ti descriva un'ottima cena avuta di recente in una nuova trattoria di nome "Da Mario". Potrebbe suscitare un'attività ideosensoriale. Mediante le sue descrizioni complete del delizioso piatto di orecchiette al sugo che ha mangiato, potrebbe farti immaginare le spesse ciotole di ceramica, o l'arrosto fumante e ancora croccante che aveva accompagnato con il vino. Potrebbe farti provare il gusto del vino rosso che sale dal bicchiere alle narici e il calore tiepido della bevanda quando tocca la lingua....

Qualche ora dopo, qualcuno ti chiede: "Hai fame?". Senza sapere perché a livello cosciente, ti è venuta una voglia matta di andare "Da Mario"!

Ci sei già stato (nella fantasia), l'hai provato (mentalmente), ti è piaciuto e ci vuoi ri-andare!

Altro esempio: *"Signora Rossi, lei è stata in grado di comprare una bellissima lavatrice. Ora, quanto più tardi sbrigherà le sue commissioni, magari avrà tempo di pensare ad un nostro nuovissimo prodotto che stiamo vendendo molto e che credo possa renderla veramente felice. La lava-asciuga! E, quando avrà pensato a come può esserle davvero d'aiuto, come una sorella sempre disponibile, voglio che lei alzi il telefono e mi chiami, ok?".*

Ciò che rende questa suggestione post-ipnotica così efficace è il fatto che, innanzitutto, si crea una neuro associazione tra una sensazione di appagamento (l'acquisto della lavatrice) e un nuovo prodotto (la lava-asciuga) e poi, si lega nella mente del cliente il prodotto a ciò che il cliente farà più tardi, in questo caso, sbrigare delle commissioni. Infine collega il pensiero di acquistare altri prodotti a quello di telefonare al venditore.

Se sei a conoscenza di qualche attività nella quale il tuo cliente effettivo o potenziale sarà impegnato in seguito in quella giornata, collega la tua suggestione post-ipnotica a quell'attività. Così, mentre si starà dedicando a quell'attività, la sua mente subconscia farà riaffiorare l'argomento che avevi precedentemente collegato all'attività stessa.

Ogni nostra attività che ha bisogno di Nuovi Clienti, deve trasformarsi in una Storia. Che deve essere Comunicata attraverso tecniche avanzate di Comunicazione Ipnotica, che Ora ti spiegherò.

9. La prima Strategia: "Liberi di Scegliere"

Dopo che avrai imparato questa Tecnica potrai facilmente applicarla alla tua Comunicazione Ipnotica: che sia il sito web, o la vendita al banco, che sia una brochure, una consulenza o una campagna pubblicitaria, adesso puoi iniziare a raccontare la tua Storia.

Per applicare questa tecnica è fondamentale che tu sappia prima che, a partire dalla seconda metà degli anni Quaranta del secolo scorso, un gruppo di psicologi diretti da Carl Hovland dell'università americana di Yale, iniziarono a studiare la manipolazione partendo dalla comunicazione persuasiva, per capire che cosa poteva far cambiare idea ad una persona su un convincimento o di un'opinione. Hovland e i suoi collaboratori misero a punto un protocollo per i loro esperimenti noto come "il paradigma di Yale". Dai loro studi emerse che **è più facile convincere una persona se è spaventata**.

Questo spiega perché usiamo le minacce quando dobbiamo convincere nostro figlio a fare qualcosa. La paura stimola l'azione. E la leva motivazionale più potente è proprio la paura.

Molti venditori per creare il bisogno nei loro clienti descrivono infatti scenari terrificanti...

Se per esempio vendi infissi, e il tuo potenziale cliente non crede nella necessità di cambiare le finestre, allora è fondamentale convincerlo a desiderare di vivere in un ambiente caldo e protetto. Ma come? Semplicemente facendogli rivivere il freddo invernale.

Potresti dire: "Se avessi la possibilità di stare più al caldo, ti piacerebbe?" (a chi non piacerebbe!)

"Queste finestre sono state pensate anche per chi non soffre il freddo (il nostro potenziale cliente). Quello che abbiamo notato è che quando d'inverno ci sono degli spifferi le mani si congelano e, anche se per esempio si è seduti sul divano, si sente una profonda apatia e ci s'irrigidisce. Hai presente la sensazione vero?" ecc.

E sentendosi il freddo addosso come una doccia all'improvviso, riproverà il gelo sui piedi nel salotto mentre guarda la televisione, con i rumori dall'esterno che gli impediscono di capire cosa dice il telegiornale. Dovrebbe sentire quell'insopportabile fischio delle finestre e immaginare gli spifferi che invadono la casa, e tutto questo mentre ascolta infastidito le lamentele della moglie per la tosse del bambino che non passa mai e per la bolletta del gas che è sempre più cara. Immergendolo in questo "film" con una Comunicazione Ipnotica che si avvale di strategie raffinate e consolidate, puoi portare il tuo potenziale cliente a immedesimarsi con le emozioni e i sentimenti che desideri, *modificando il suo stato emotivo e le sue convinzioni.*

La paura però non deve raggiungere livelli da sconvolgere, perché il panico può dar luogo a comportamenti imprevedibili. Anche altri stati d'animo, come gioia, eccitazione, curiosità, commozione o tenerezza, sono in grado di creare un clima favorevole alla persuasione, come sanno bene i pubblicitari quando cercano di collocare i messaggi all'interno di una narrazione che evochi emozioni funzionali all'acquisto.

Questo significa che la prima Regola nella Comunicazione Ipnotica è Creare degli Stati d'animo funzionali a ciò che stai vendendo.

Ma non basta! La prima grande scoperta ad opera dei ricercatori di Yale fu il divario che può esistere tra Opinione e Comportamento. Mi spiego: una persona può convincersi che fare una corsa nel parco ogni mattina sia un ottimo esercizio per mantenersi in salute e allo stesso tempo non farlo. La stessa cosa vale per il fumatore convinto che il fumo stia danneggiando la sua salute, e tuttavia continua imperterrito a fumare. Il primo risultato del gruppo di Yale fu dunque l'aver dimostrato che modificare le opinioni di qualcuno non si traduce automaticamente nella modifica dei suoi comportamenti. Ne consegue che se una persona è prevenuta è difficile convincerla, ergerà delle difese per resistere ai tentativi di persuasione. Un incallito fumatore potrebbe dire per esempio: "Mio nonno ha fumato due pacchetti di sigarette al giorno ed è campato fino a novant'anni", oppure "tanto di qualcosa dobbiamo morire", o ancora, "l'inquinamento fa più male del fumo", ecc.

Lo psicologo sociale Jack Brehm definì questo tipo di reazione oppositiva "reattanza psicologica".

Ciò significa che se riuscissimo a "convincere" il nostro cliente, immergendolo in una realtà immaginaria per fargli rivivere delle emozioni, ad esempio, che gli infissi sono necessari, ciò non garantisce che, anche se ne sia convinto, poi acquisterà gli infissi!

Quindi, se già è difficile convincere qualcuno, soprattutto se lo si fa con del semplice materiale pubblicitario, immaginiamoci la difficoltà che possiamo provare nel farlo Agire! Come si fa allora?

Adesso stiamo arrivando a scoprire le prime tecniche più persuasive della Comunicazione Ipnotica.

In "Chi manipola la tua mente?" Anna Oliviero Ferraris sostiene che *"una serie di esperimenti condotti tra il 2000 e il 2006 hanno dimostrato che è più semplice convincere una persona ad agire se l'approccio non è invadente e lascia spazio al suo bisogno di autonomia. Espressioni del tipo "Ovviamente sei libero di non essere d'accordo... sei tu che decidi", "E' evidente che puoi fare quello che vuoi, anche se..." hanno una funzione tranquillizzante e facilitatrice: chi ha la sensazione di essere libero, non assillato o costretto, non ha bisogno di organizzare una difesa, è più docile, rilassato e tendenzialmente più aperto alla persuasione. Per quanto riguarda il fumo ad esempio le campagne pubblicitarie basate soltanto sull'induzione della paura di ammalarsi di cancro o sull'informazione dei danni prodotti dal tabacco sulla salute dei fumatori attivi e passivi non ottengono grandi risultati per diversi motivi: di fronte all'immagine della malattia il fumatore può mettere in campo dei meccanismi di difesa psicologici e convincersi che "quello può capitare agli altri ma non a me" e quindi sfidare il pericolo. Un'altra reazione possibile è quella che di fronte a una forte costrizione, l'individuo adotta il comportamento contrario a quello raccomandato. Questa reazione è tipica delle persone che non amano agire in conformità delle regole e si sentono private della libertà se qualcuno cerca di obbligarli ad assumere un certo comportamento."*

Allora, tornando alla discrepanza che può esistere tra opinioni e comportamenti, per ottenere che una persona cambi abitudini, che acquisti, per esempio, un prodotto simile a quello che ha sempre acquistato ma di un'altra marca o di un altro negozio, o che voti per un candidato di cui sa poco o nulla, è necessario che si senta libera di scegliere. Deve avere l'impressione di decidere in piena autonomia (infatti l'ultimo spot pubblicitario di Mediaset Premium recita testualmente: liberi di scegliere).

"Certo", continua la Ferraris, *"le persone possono anche agire sotto la pressione di una minaccia, di un'autorità, di una costrizione, ma queste pressioni esterne impediscono di sentire come propria una scelta o un comportamento"*, e la volta successiva, ad esempio, potrebbero non acquistare più. Ciò significa che l'abile persuasore deve dunque cercare di creare un clima favorevole, dove si abbia la percezione di essere liberi e ci si senta responsabili dei propri comportamenti.

Facendo un altro esempio, se un potenziale cliente non vuole spendere soldi per cambiare macchina, gli si potrebbe far pensare ai soldi che ha speso per ripararla e a quelli che spenderà in futuro, quando l'auto tenderà a guastarsi sempre più frequentemente, con il rischio di abbandonarlo di notte per strada o mentre si precipita a lavoro. Si potrebbe avvolgerlo in immagini realistiche ed efficaci e utilizzando tecniche precise, indurlo a scegliere tra rischiare di ritrovarsi con l'auto fumante al centro di un incrocio bombardato da insulti e clacson, con l'ulteriore rischio di dover acquistare pezzi di ricambio costosissimi e spesso introvabili per quel modello. Oppure, potrebbe acquistare un'auto nuova, che comunque prima o poi bisognerà acquistare, e ricevere subito dei soldi per quella vecchia. Prima che svaluti e che diventi invendibile. Pagando delle piccolissime rate mensili e senza interessi, si può uscire dalla concessionaria con la certezza di aver fatto la cosa giusta. Un ottimo investimento per tutta la famiglia. A te la scelta!

Nessuno lo obbliga ad acquistare un certo prodotto, è lui a scegliere cos'è meglio. Ma non sceglierà in base ad un ragionamento puramente razionale, ma in base ad un'emozione che il venditore gli ha creato.

In una ricerca sono state poste delle domande ed è emerso quanto segue:

Approccio a) "Mi scusi, ho dimenticato il portafoglio e devo prendere l'autobus! Mi potrebbe aiutare, per favore."

Le persone che hanno risposto "Sì" sono state il 10%

La Somma media accordata: 0,49

Approccio b) "Mi scusi, ho dimenticato il portafoglio e devo prendere l'autobus! Mi potrebbe aiutare, per favore? Ma ovviamente è libero di rifiutare..."

Le persone che hanno risposto "Sì" sono state il 47,5%

La Somma media accordata: 1,07%

Altro esperimento per far agire le persone su un sito Internet:

Approccio a) "Cliccate qui"

Le persone che hanno cliccato sono state il 65,3%

Approccio b) "Siete liberi di cliccare qui"

Le persone che hanno cliccato sono state il 83%

Ciò significa che, prima di Comunicare in modo ipnotico, se vuoi essere realmente convincente, devi:

1. presentare due opzioni,

2. descrivere vividamente ciò che vuoi vendere: cosa vede, cosa sente e cosa prova.

3. immergerlo in ricordi del passato o scenari del futuro emozionanti, per fargli vivere le sensazioni necessarie all'acquisto;

4. Fargli scegliere liberamente tra le due opzioni.

Ma non basta ancora. Per avere realmente successo occorre aggiungere qualcos'altro. Non sempre si può chiedere al cliente di scegliere. Bisogna essere più incisivi e penetrare nella mente del cliente. La strategia persuasiva di cui sto per parlarti è stata definita dagli psicologi sociali R.V. Joule, J.L. Beavois e C. Kiesler "sottomissione liberamente consentita".

10. La seconda Strategia: "Sottomissione liberamente consentita"

Con questa strategia i due psicologi R.V. Joule, J.L. Beavois e C. Kiesler hanno dimostrato che quando si è coinvolti in un'attività si prova spesso un senso di libertà. Agendo, ci sentiamo coinvolti. Il punto critico è riuscire ad ottenere un gesto, anche iniziale o insignificante in apparenza, ma non nella realtà (una firma, una risposta, un'azione, un consenso) dando al destinatario la sensazione o l'assicurazione che quel gesto non avrà conseguenze. Ad esempio: far firmare un preventivo. Far sottoscrivere un modulo prima di visitare un appartamento. Far entrare in auto l'acquirente mentre si descrivono i benefici o chiedere se si è d'accordo con ciò che si è detto fino a quel momento. Continuando a coinvolgere il potenziale cliente con piccoli gesti di assenso, ad un certo punto, dopo aver acconsentito a firmare ad un modulo, dopo aver toccato con mano e provato la gioia di possedere il prodotto, dopo aver ammesso l'efficacia del servizio, e magari dopo aver risposto al venditore che è tutto di suo gradimento, a quel punto, il potenziale cliente ha confessato che ciò che gli state proponendo era proprio quello che stava cercando, ed è quasi impossibile tornare indietro e cambiare idea, perché dovrebbe ammettere di essere incoerente con ciò che ha detto e ha fatto. E ammettere di aver sprecato il suo tempo, di essersi lasciato abbindolare provoca un certo disagio. Per uscire da questa spiacevole condizione ha due possibilità: può riconoscere di aver agito in maniera avventata e superficiale, oppure sceglie la sottomissione liberamente consentita. Per non dover ammettere di aver sbagliato e per giustificare il suo comportamento, per coerenza, preferisce modificare la sua opinione. "In fondo ho fatto bene a spendere qualcosa in più, è il miglior prodotto" si dirà, anche se non è così. Modificherà la sua opinione per giustificare il suo comportamento. Rinforzerà la decisione nella speranza che, proseguendo sulla strada intrapresa, ne possano derivare dei benefici.

Infatti, su prodotti o servizi costosi, conviene utilizzare una tecnica persuasiva dimostrata da Freedman e Fraser nota come "il piede nella porta".

Il trucco consiste nel chiedere poco per ottenere molto.

Ad esempio, in una ricerca scientifica, si è tentato di installare un cartellone di 16 metri per la prevenzione degli incidenti stradali nei giardini degli abitanti lungo l'autostrada.

Approccio a) Posso installare nel vostro giardino un cartellone in cui si invitano gli automobilisti a rallentare? Adesioni: 16,7%

Approccio b) Accetta di mettere sulla finestra questo cartellino per la prevenzione del traffico? Bene... (qualche giorno più tardi). E se sullo stesso argomento installassimo un cartellone in giardino?

Adesioni: 76%

Quindi la tecnica consiste nel non vendere il prodotto o servizi, ma facendosi concedere dei piccoli consensi (entrare in una concessionaria per provare la nuova auto, lasciare una mail, scaricare una demo, ecc.)

Spesso i siti web, i manifesti pubblicitari, i volantini, eccetera, per esempio, invitano direttamente all'acquisto, quando in realtà si potrebbero ottenere delle fasi intermedie, come l'inserimento della propria mail per lasciarsi inoltrare una newsletter sull'argomento o semplicemente offrire qualcosa in cambio di una visita in negozio o sul sito web. E solo successivamente, quando hanno compiuto il passo, chiedere di farne un altro, puntando sul fatto che se hanno trovato interessante ciò che hanno ricevuto sino ad allora sicuramente troveranno interessante anche il resto, ad esempio.

Io potrei dire: "Se hai trovato piacevole e stimolante la lettura di questo libro fin qui, allora continua perché ci saranno tantissime novità che ti lasceranno senza fiato!"

La stessa promozione consente di guadagnare poco la prima volta, ma di posticipare il vero guadagno sugli acquisti successivi.

La sottomissione liberamente consentita è importante e fondamentale per le strategie ipnotiche che intendono comunicare con il cliente e indurlo a percorrere la strada che desideriamo. Ma per poter essere ascoltati e seguiti dal nostro cliente, manca ancora una cosa. Se sei alla ricerca di qualcosa di veramente innovativo ed efficace per la tua professione e la tua attività, questo è un passaggio essenziale.

Quello di cui ti sto per parlare ti permetterà velocemente di avere risultati incredibili, perché ti garantisce quella credibilità, senza la quale tutto ciò che farai e dirai sarà nullo.

E' una tecnica di Comunicazione Ipnotica che ti servirà per conquistare immediatamente la fiducia dei tuoi clienti! Perché lo sai, se la gente non si fida, non acquista. La fiducia è l'elemento fondamentale e basilare nel commercio.

Una Comunicazione Ipnotica è un po' come far innamorare una persona. Fino ad ora abbiamo detto che bisogna lasciarla libera di scegliere, bisogna ottenere piccoli risultati... ma se veramente vogliamo farla innamorare, bisogna che si fidi di noi!

Quello di cui ti sto per parlare è: **come creare lo Stato di Fiducia e d'innamoramento nei tuoi Clienti!**

11. La terza Strategia: far Innamorare i Clienti.

Nessuno può suscitare uno stato di innamoramento dicendo: "E adesso innamorati di me! Innamorati dai!"

Eppure la maggior parte degli spot pubblicitari sono scritti in questo modo: "Acquista! Vieni da noi! Cosa aspetti?!" Come se bastasse questo per far accorrere la gente. E' ovvio che nessuno obbedisce a un tale ordine.

Adesso sappiamo che, per esempio, se vuoi ottenere consenso devi lasciare il tuo potenziale cliente libero di scegliere. Se vuoi suscitare nel partner sentimenti di amore allora devi preparare l'atmosfera. Per esempio, un uomo potrebbe fare gesti romantici che inducano a provare sentimenti teneri nei suoi confronti. Cercherà di stimolare, attraverso il suo comportamento, ammirazione, desiderio, gioia, attaccamento: e per suscitarli deve allestire la scena!

Analogamente, la Comunicazione Ipnotica si può considerare come il lavoro del "direttore di scena" che allestisce il palcoscenico nel teatro psichico del Potenziale Cliente con l'obiettivo di suscitare determinati sentimenti.

Vuoi sapere in cosa consiste questa tecnica? Bene: non devi far altro che imitare.

Hai capito bene. Imitare.

La disposizione ad imitare è iscritta nel nostro cervello. Nella corteccia premotoria ci sono i neuroni-specchio che si attivano quando osserviamo i movimenti, i giochi, la mimica, i gesti di un'altra persona ma anche quando la ascoltiamo parlare. Il meccanismo dei "mirror neurons" è talmente efficace che, grazie a questa propensione, i bambini riescono ad apprendere, spontaneamente e senza fatica, un'enorme quantità di informazioni a partire dalle prime settimane di vita.

Infatti, alla nascita, un neonato non sa nulla del mondo: a cinque anni è già in grado di parlare fluentemente una lingua o due, si muove in maniera appropriata, sa fare un uso corretto delle mimiche, dei gesti e delle posture, partecipa a giochi di gruppo, utilizza oggetti di uso quotidiano e tutto ciò grazie alla sua propensione innata all'imitazione.

Se nell'infanzia questo dispositivo è particolarmente attivo ciò non significa che scompaia in seguito. Si tratta di un processo rapido e automatico che consente di stabilire un rapporto empatico con gli altri. Infatti una vasta serie di dati di ricerca ha documentato che noi troviamo più simpatiche le persone che ci imitano (a meno che il comportamento di "copia" non ci appaia eccessivo, come un prendere in giro, scimmiottandoci).

Come altri dispositivi innati, la propensione ad imitare, può essere sfruttata in vari modi e non sempre a fini positivi. Un caso emblematico fu quello del fumo delle star di Hollywood.

Negli anni Trenta, Quaranta e Cinquanta le industrie del tabacco americane, temendo di perdere clienti a seguito dei risultati ottenuti dagli studi sul cancro al polmone, pagarono profumatamente le star del cinema affinché fumassero nei film in cui erano protagonisti. Gary Cooper, Clark Gable, Joan Wayne, Bette Davis, Humphrey Bogart, Spencer Tracy, Henry Fonda, Cary Grant, accettarono di comparire sullo schermo con una sigaretta tra le dita o mentre aspiravano ed emettevano fumo. Nella sala cinematografica, gli spettatori, fumavano a loro volta, spesso lo stesso tipo di sigarette delle star. Gli attori trasmettevano loro fascino, disinvoltura, sex appeal e gli spettatori li imitavano. Divenne sempre più chiaro, a chi aveva interesse a sfruttare l'inclinazione ad imitare, che il pubblico poteva essere pilotato a compiere determinate azioni o comportamenti senza rendersi conto del disegno che vi era dietro.

La propensione a imitare i propri simili è stata studiata e poi sfruttata negli anni Settanta dal matematico e studioso di psicologia Richard Bandler e dal linguista John Grinder che, grazie anche al contributo scientifico diretto e indiretto di studiosi come Gregory Bateson, hanno dato vita alla così detta "Programmazione Neurolinguistica" (PNL). L'originalità di questa tecnica consiste, per l'appunto, nello sfruttare la propensione naturale ad imitare, così profondamente radicata nel nostro sistema nervoso e patrimonio genetico.

Dopo aver studiato i comportamenti e i modi di fare di tre terapeuti che in quegli anni riscuotevano molto successo a livello professionale e sociale (Friz Perls, terapeuta della scuola gestaltica; Virginia Satir, terapeuta della famiglia; Milton Erickson, fondatore e presidente della società americana di ipnosi clinica) Bandler e Grinder giunsero alla conclusione che tutti (o quasi) coloro che raggiungono un buon livello nella Comunicazione, condividono gli stessi gesti, comportamenti e atteggiamenti dei loro interlocutori. Questo si chiama **Ricalco**.

L'essenza del ricalco è nel generare Fiducia, Credibilità e Simpatia.

Il ricalco è una tecnica specifica per stabilire fiducia praticamente con chiunque. Consiste nell'essere o nel diventare come l'altra persona, in modo da ottenere la sua attenzione, la sua amicizia e il suo aiuto.

Ci sono molti modi per ricalcare un'altra persona. Puoi ricalcare il suo umore, il suo linguaggio corporeo, gli schemi che usa nella conversazione (tono, velocità, volume, parole, immagini) puoi ricalcare le sue convinzioni e opinioni.

Può sembrare un po' meccanico, ma è innegabilmente vero che alle persone piacciono le altre persone a loro simili. Vogliamo avere rapporti con persone che siano simili a noi, che vedano il mondo nel nostro modo, che abbiano la nostra Filosofia di Vita, che abbiamo le nostre stesse simpatie e antipatie. Scegliamo i nostri amici tra coloro che ci fanno sentire bene con noi stessi. E chi potrebbe mai farci sentire a nostro agio se non qualcuno molto simile a noi?

Se ci fai caso, infatti, tendiamo a giudicare male chi si comporta diversamente da noi, chi fa cose che noi non faremmo.

Ora, come funziona questo fenomeno? Perché se due persone credono negli stessi valori, hanno la stessa Filosofia di Vita, dovrebbero amare lo stesso cantante per esempio? Perché dovrebbero vestirsi con lo stesso stile? Frequentare gli stessi posti?

E qui sta il bello.

Perché quando tu piaci a qualcuno, questi tende a voler essere d'accordo con te. Ricalcare è un modo per essere come un'altra persona e la probabile conseguenza è che tu piaccia a lei e lei si sentirà psicologicamente portata ad essere d'accordo con te. La formula (semplificata) è questa: se sono come te, ti piacerò; e se ti piacerò, vorrai essere d'accordo con me.

Stati d'animo simili si cercano reciprocamente. Chi è infelice cerca l'infelice; allo stesso modo, chi è allegro ed entusiasta vuole aggregarsi a persone simili.

Ti è mai capitato di stare giù di corda e di ascoltare qualcuno felice che tenta di coinvolgerti nel divertimento? Oppure qualcuno, che con tono allegro e spensierato, ti chiede: "Cos'hai?". La reazione più logica è rispondere: "Niente".

C'è qualcun altro invece che con fare delicato e con un tono simile al tuo ti chiede se vuoi parlare. E lì, la storia cambia.

Allo stesso modo se sei su di giri perché è accaduta quella cosa che aspettavi da tempo e, mentre la racconti al tuo amico, ti accorgi che lui è triste e serio, che non condivide la tua gioia, ci resti male.

Due ragazzi innamorati che escono per la prima volta insieme, non parlano tra di loro con toni differenti. Immagina che, mentre la ragazza con voce sensuale e sommessa gli dice che è emozionata, lui con voce stridula e squillante le racconta dell'emozione dell'ultima partita nel derby.

Cosa avresti fatto tu al suo posto?

Avresti usato lo stesso tono.

Ricalcare vuol dire essere Tifoso. Il tifoso di una squadra di calcio imita i suoi compagni. Hai visto i tifosi? Si vestono uguali, usano accessori, come sciarpe e cappellini, slogan, cori, e un vocabolario simile. Il tifoso sceglie una Filosofia di Vita che chi non ama il calcio non può capire. Il tifoso è sempre d'accordo con i propri compagni e la pensa nello stesso modo. Crede nella Storia della sua squadra.

Anche scegliere la Filosofia di Vita dei tuoi potenziali clienti significa ricalcare un modo di pensare. Aderire ad un modo di vedere il mondo. Essere come loro. Vedere ciò che loro vedono. Ascoltare ciò che loro ascoltano. Provare ciò che loro provano. Solo allora puoi entrare nel Fan Club!

L'importanza del ricalco è in questo: quando ricalchi un'altra persona, o un intero target (come nella comunicazione pubblicitaria) in pratica le stai dicendo: "Sono come te. Con me sei al sicuro. Puoi fidarti di me". Il ricalco è un modo per stabilire fiducia e credibilità.

Il fenomeno è semplice: quando sei al passo con un'altra persona, questa è incline a seguire il tuo passo successivo.

Per essere più chiari: solo un capo ultrà può dire ai suoi compagni di cambiare atteggiamento, e convincerli che fare diversamente è giusto. Solo lui può persuaderli, perché loro si fidano di lui.

Sulle prime sembra paradossale, ma uno dei modi migliori per cambiare il comportamento di un'altra persona, all'inizio, è quello di sintonizzarsi con alcuni aspetti del suo carattere (ricalcarlo) e, in seguito, di cambiare il proprio. E ciò che viene chiamato "Guidare".

La persuasione non è altro che Ricalco e Guida.

Se vuoi portare quindi i tuoi potenziali clienti a fare qualcosa di diverso rispetto a ciò che fanno, prima devi essere come loro, devi Essere Loro. E poi, quando si fidano di te, puoi Guidarli in un'altra direzione.

Con i figli, ad esempio, si commette sempre l'errore di "comandare" cosa devono fare. Gli si dice: "Vieni qui! Basta con quel gioco, adesso fai i compiti! Veloce!".

Normalmente i figli non ascoltano questi ordini. E quando li ascoltano lo fanno per paura, che come abbiamo visto è un'arma micidiale per indurre qualcuno all'azione. Il lato negativo è che l'azione è compiuta Solo per paura. Ciò vuol dire che il giorno dopo si ripete la stessa scena. E fino a quando il bambino non prova paura, non si muove.

Sarebbe diverso, invece, se lo si *ricalcasse* prima nei suoi atteggiamenti, magari andando vicino a lui a giocare. E mentre ci si diverte con i giochi provare a ricalcare i suoi sentimenti:

(Ricalco) "E' troppo divertente questo gioco! Dobbiamo giocare più spesso, che ne dici?...

(Guida) Magari, quando finisci i compiti, ci facciamo un'altra partita, ti va? (notare che la domanda è ambigua. Infatti si chiede al bambino se gli va di fare un'altra partita, ma al tempo stesso se risponde "sì" accetta anche il presupposto di farsi i compiti).

Imparare il linguaggio ipnotico non significa apprendere una materia totalmente nuova, quanto, piuttosto, imparare a migliorare qualcosa che si è già praticato per molto, anzi, moltissimo tempo.

Ora quindi, vediamo in che modo la Comunicazione Ipnotica costruisce rapidamente un senso di profonda fiducia, sulla base di ciò che già sappiamo e già facciamo.

A tutti noi sarà capitato di incontrare qualcuno che ci è piaciuto e di cui ci siamo fidati fin dal primo istante, senza alcuna ragione o giustificazione. Questo meccanismo è detto "fiducia ipnotica". Funziona per il fatto che l'altra persona fa o dice qualcosa che ci ricorda, a livello subconscio, qualcuno di cui ci siamo fidati o per il quale abbiamo provato simpatia per molti anni. I migliori venditori lo sanno per istinto, sanno come suscitare la fiducia ipnotica.

La fiducia è un elemento chiave in ogni tipo di ipnosi, in quanto la *favorisce*. La fiducia induce uno stato mentale suggestionabile riducendo al minimo le resistenze. Noi ascoltiamo le persone di cui ci fidiamo, tendiamo a seguire i loro consigli. **La fiducia conferisce potere alle persone.**

La fiducia è probabilmente la scorciatoia comunicativa più potente che ci sia. Ecco perché i politici, psicologi, avvocati, manager, venditori e genitori sono tutti interessati a comprenderne i meccanismi di funzionamento.

Fermati un attimo e visualizza con la mente una persona che ha potere di persuasione su di te. Ce l'hai davanti? Bene, che cosa le conferisce questo potere? Siamo certi che ti fidi di questa persona a un livello molto profondo? Se non ti fidassi di lei, le tue difese sarebbero alzate e saresti molto più critico nei confronti dei suoi consigli?

Pensa ai tuoi vicini o a qualche collega, ad un amico. Può darsi che uno di loro non ti sia piaciuto la prima volta che l'hai visto. Ora, trascorsi magari dei giorni, o mesi, o addirittura degli anni, ti sei reso conto che è fondamentalmente onesto e che ha un suo particolare modo di fare. E' amichevole. E ora ti fidi di lui. Quanto c'è voluto per fidarti di lui?

Purtroppo nella tua attività il tempo è piuttosto limitato. Poca gente ha a disposizione "anni" per creare un rapporto di fiducia sul lavoro. Immagina nella Comunicazione Pubblicitaria!!!

La sfida è questa: **come faccio a creare fiducia il più rapidamente e profondamente possibile?**

Le tecniche ipnotiche descritte in questo Manuale di Comunicazione Ipnotica ti mostreranno come costruire fiducia molto più rapidamente di quanto tu abbia mai ritenuto possibile.

Attraverso il "ricalco" rimandiamo ad una persona per "retroazione" il comportamento che abbiamo appena osservato in lei. Ricalcarla, (sul piano sia verbale che non verbale), rispecchiarne lo stato d'animo, i gesti, la mimica, la postura ed il tono di voce, ci sincronizza con i suoi processi interni.

Immagina tutte le volte che vedi un comico e senti che ciò che dice è esattamente ciò che provi! Provi simpatia? Ti piace? Appunto! Lui sta ricalcando le tue convinzioni, i tuoi stati d'animo, i tuoi pensieri profondi...

Il Ricalco porta a ridurre notevolmente la resistenza del nostro interlocutore verso di noi e così facendo otteniamo che la persona, osservandoci, e ascoltandoci si sentirà accolta, compresa, e ci percepirà già amici, come se ci conoscesse da sempre. Saremo in un attimo vicini al suo modo di essere, visto che il rifiutarci significherebbe rifiutare se stessa.

Il Ricalco è qualcosa che facciamo naturalmente.

Facciamo una prova: **pensa a quando ti sei trovato ad essere perfettamente a tuo agio con un'altra persona.** Se immagini per un istante la volta nella quale eravate pienamente sereni e disponibili... puoi riprovare le emozioni che provavi allora ...Eri in un'atmosfera piacevole per te e per l'altra persona. Osservati in quell'immagine che vedi nella tua mente, hai la stessa posizione, usi lo stesso tono di voce, condividi le stesse idee, sei come l'altra persona, provi le stesse sensazioni... Sei in Rapport.

Il Rapport è la condizione di perfetta armonia emotiva e fisica tra due o più persone!

Il rapport, quindi, indica una relazione segnata dall'accordo.

Ci sono due modi per vedere le persone. Si può decidere di mettere in rilievo le differenze tra se stessi e gli altri, oppure si può decidere di far risaltare le somiglianze, le caratteristiche che si hanno in comune. Se metti in rilievo le differenze troverai difficile stabilire un rapporto di fiducia. Ma se metti in evidenza quello che c'è in comune, ogni resistenza, ogni antagonismo, scomparirà!

Quando le persone incontrano resistenza, spesso reagiscono continuando a insistere con lo stesso approccio che, fin dal principio, non ha funzionato. Questa è una buona strategia per rendere l'altra persona ancora più resistente.

Quando si incontra qualcuno che si vuole influenzare, si tende a dare per scontato che sia necessario, in qualche modo, cambiarlo. In realtà, è praticamente impossibile cambiare una persona, quindi qualsiasi tentativo in questo senso è destinato a fallire. Tuttavia, quando sei con un'altra persona, che tu lo voglia o no, eserciti un'influenza su di lei. Influenza che può essere auspicabile o meno, può portarti dove desideri o allontanati dal tuo obiettivo, può essere leggera o forte, ma c'è.

L'approccio alla comunicazione, e specialmente, alla comunicazione persuasiva, si chiama sistemico. E quando si cambia una parte del sistema, le altre parti cambiano di conseguenza per ristabilire l'equilibrio.

Due o più persone, insieme, costituiscono un sistema. Perciò, quando porti una persona a cambiare, questa, probabilmente, reagirà al cambiamento. Una tale idea implica che se vuoi cambiare qualcuno, un buon modo per avviare il processo è generare alcuni cambiamenti in te stesso.

Di conseguenza, l'altro reagirà generalmente producendo alcuni cambiamenti in se stesso. La questione diventa: "Quali cambiamenti specifici devi produrre in te stesso per ottenere il cambiamento desiderato nell'altra persona?"

Il primo cambiamento è: non dire a nessuno che sbaglia!

Quando fai notare un errore la conseguenza più probabile è la Difesa.

Certe volte è utile tenere in mente che quando si ha a che fare con un altro essere umano si ha a che fare con la creatura forse più pericolosa della terra – una creatura che morirebbe (o ucciderebbe) per difendere le sue convinzioni. La nostra realtà è costituita dalle nostre convinzioni, ricordi? La realtà non è altro che ciò in cui crediamo e di cui siamo convinti.

Ecco perché quando dici ad una persona che è egoista... Accettare e quindi credere che sia egoista significa cambiare la percezione della sua identità. Significa perdere i riferimenti interni. Se non sai più chi sei, come fai a vivere?

Le convinzioni ci danno un senso di sicurezza. Per questo abbiamo così difficoltà a cambiarle e litighiamo per difenderle!

Quando siamo convinti che la realtà è in un certo modo ci battiamo per dimostare che abbiamo ragione.

E come dicevo prima, la gente è disposta a morire per difendere ciò in cui crede.

Perciò è bene andarci piano, o meglio ancora... ricalcare!

Anzicchè dire: "Sbagli! Lo hai fatto solo per ferirmi".

Potresti dire:

(Ricalco) "Capisco che avrai le tue ragioni se lo hai fatto. Avrai avuto sicuramente i tuoi motivi. Forse al posto tuo avrei fatto lo stesso. (Guida) Anche se, comportandoti così, mi hai ferito".

Ovviamente non si può fingere di credere in qualcosa in cui non si crede. Trova un punto di accordo sul quale costruire la tua posizione; poi, se è necessario, ti sposti verso le aree di disaccordo. E' molto più facile e molto più efficace, muoversi da un accordo a un altro accordo, che da un disaccordo a un accordo.

Se, nel punto di vista dell'altra persona, non c'è niente che tu possa legittimamente ricalcare, allora ricalca le sue sensazioni. L'affermazione: "Se fossi al tuo posto, sono sicuro che mi sentirei proprio come te" sarà sempre vera. Se tu avessi la sua storia personale alle spalle, sicuramente ti sentiresti esattamente come si sente lei, perché tu saresti lei.

Quindi, cerca e trova un'area di accordo. Il tuo potenziale Cliente sarà molto più disponibile ad ascoltare ciò che hai da dire (dopotutto siete entrambi dalla stessa parte).

Quest'approccio potrebbe non sembrare logico, ma nelle questioni psicologiche la cosa più importante, per la maggior parte delle persone, non è usare la logica, ma avere ragione.

Una delle frasi ipnotiche più potenti nei momenti di rabbia infatti è "Hai ragione".

Se un cliente è infuriato, dagli ragione. Si calmerà all'istante.

Se pretende con l'aggressività qualcosa che non può avere, allora digli:

(Ricalco) "Hai ragione. Anche io al posto tuo sarei infuriato. Lo capisco. Trovarsi in certe situazioni fa male..."

(Guida) "Se potessi farei di tutto per riuscire a farti stare bene. Lo sai, ho provato già in tutti i modi, ma... non c'è niente da fare..."

In questo modo tu sei insieme a lui nel dolore. Siete insieme nell'affrontarlo. Siete voi due contro il problema. Sposti la sua rabbia da te verso l'impossibilità di risolvere il problema.

La difficoltà che alcune persone hanno nei confronti del concetto di ricalco è che hanno paura di perdere una parte di sé, come se la personalità fosse, in qualche modo, un oggetto che si può perdere se lo si lascia momentaneamente da parte per ricalcare un'altra persona.

In effetti, è vero il contrario. Ricalcando l'altra persona, stai in un certo senso estendendo la serie di "te stessi" che possiedi: stai diventando più pienamente umano, piuttosto che il contrario. Ricalcare è un modo per far pace con gli altri, rendendo possibile la condivisione di un'esperienza o la comprensione reciproca. Dopotutto, è in questo che consiste la comunicazione ipnotica: nel condividere qualcosa con altre persone.

Una volta che hai accettato l'altra persona e hai riconosciuto che ha ragione, paradossalmente, hai vinto la battaglia più importante. Ora siete entrambi dalla stessa parte, e quando questo accade, la resistenza scompare. A questo punto puoi essere persuasivo!

12. Il Potere Magico delle Parole. Iniziamo a Comunicare in modo ipnotico

Immagina di andare a una festa di laurea di un tuo amico o parente portando con te una videocamera. La discussione della tesi è andata bene, sono tutti felici e c'è chi si commuove e chi ride. Tutti sorridono, tranne il festeggiato, in quanto la zia, involontariamente, quando lo ha abbracciato per dargli gli auguri, lo ha colpito in un occhio. E adesso lacrima.

Tu riprendi soltanto il tuo amico neolaureato mentre si asciuga le lacrime e i parenti commossi che lo abbracciano, e poi, quando rientri a casa, lo fai vedere ad i tuoi amici. Secondo te, cosa penseranno?

Le nostre esperienze si costruiscono su quello che decidiamo di vedere tramite la nostra "videocamera" incorporata nel cervello.

Quando racconti qualcosa è come se stessi utilizzando una telecamera e stai decidendo di far vedere qualcosa piuttosto che altro.

Il cervello, non potendosi concentrare contemporaneamente su molte cose diverse, ma solo su alcune, senza che ce ne rendiamo conto consciamente, decide dove porre attenzione, su cosa concentrarsi e che cosa invece cancellare.

Questo vale anche quando racconti la tua Storia! Quando comunichi all'esterno la tua Filosofia di Vita andrai a far vedere qualcosa e a cancellare qualcos'altro.

Questo processo di "attenzione selettiva" si chiama *Focus*. In questo modo, per esempio, mentre stai leggendo, il tuo cervello ti sta evitando di porre un'attenzione consapevole su una miriade di aspetti, che sta comunque monitorando con estrema precisione, anche se tu non te ne stai rendendo conto.

Per esempio, se volessi, potresti diventare consapevole adesso della tua respirazione, semplicemente focalizzandoti sui polmoni che inspirano ed espirano aria oppure spostare immediatamente la tua attenzione sul battito delle ciglia, o sulla sensazione dei piedi a contatto con il terreno... e se hai i vestiti, puoi sentirli addosso. E mentre ti concentri su tutto questo puoi essere più consapevole della pressione generata dalle tue dita quando toccano le pagine del libro. Allo stesso modo potresti concentrarti sui suoni o sul silenzio dell'ambiente interno a te, ascoltare cose che prima non sentivi. Potresti concentrarti sulla luce e sui colori del luogo in cui ti trovi o sugli oggetti o le persone, se ce ne sono. In questo momento potresti provare a immaginare qualcosa che non c'è, nella realtà esterna, ma c'è nella tua mente... potresti immaginare di stare in un luogo diverso, come un'isola circondata dal mare, e mentre la immagini meravigliosamente illuminata dal sole, provi un profondo senso di benessere...

Non puoi essere consapevole di tutto. Ci saranno migliaia di ricordi dentro di te, custoditi in una sorta di sacca inconscia immensa.

Quante volte guardando una foto hai ricordato un episodio a cui non pensavi da tempo? Eppure c'era. Era nella tua memoria, chissà dove.

Appena ti sei focalizzato sull'immagine è emerso anche il ricordo e l'emozione legata ad esso.

E in ogni istante della tua vita, la parte inconscia del tuo cervello è consapevole e controlla tantissime cose che accadono dentro e fuori di te, e che la parte conscia provvede però a cancellare, focalizzandosi su ciò che in quel momento le serve o le interessa.

Se stai preparando il caffè il tuo cervello si concentrerà su quello e non porta alla mente le istruzione del nuovo decoder o del telefonino. Anche se queste informazioni sono presenti, il cervello le tiene nascoste fino a quando tu non gli chiedi di fartele presenti.

Ora puoi capire come mai, quando stai preparando il caffè e sei sovrappensiero, focalizzato su un qualcosa di particolare, che magari ti prende molto, all'improvviso ti accorgi che anziché posare la moka sul fornello l'hai rimessa a posto. E ora quindi puoi capire anche come mai, mentre guidi, e sei concentrato su un pensiero che ti assorbe completamente, sbagli strada.

Quando accade questo il tuo inconscio ti fa fare cose in automatico, e fa quello che fai di solito, quello che è abituato a fare.

Questo è in realtà un procedimento molto utile, perché, se non facesse così, l'uomo impazzirebbe. Ma è ovvio che l'aspetto non positivo è che la percezione che noi abbiamo è sempre limitata da ciò su cui ci stiamo focalizzando e da ciò che stiamo cancellando dalla nostra attenzione. Insomma, noi vediamo attraverso una "videocamera" incorporata nel cervello e crediamo che la percezione che ne abbiamo sia la realtà, ma non è così.

Immagina un commercialista che è concentrato sulle scadenze, in quel momento il suo pensiero è rivolto solo a ciò che deve fare e al tempo che ci deve impiegare. E' teso, perché teme di non farcela e la sua agitazione lo fa essere aggressivo con i suoi collaboratori.

Ora immagina che, lo stesso commercialista, sta per diventare nonno per la prima volta. E che dopo poche ore la preoccupazione delle scadenze non ci sarà più, mentre sarà completamente immerso in una sensazione di felicità per la nascita del nipotino.

Se mentre è in studio, agitato e ansioso, ci fosse una persona a ricordargli che sta per diventare nonno, focalizzerebbe la sua attenzione sull'evento positivo. Allora inizierebbe a immaginare i sorrisi in ospedale, la gente contenta, i regali e la culla, e pian piano nascerebbe dentro di lui un'emozione di gioia e serenità... così, il cervello, concentrandosi sulla nascita del nipotino, cancellerebbe le scadenze. E l'ansia.

Si tratta semplicemente di una percezione. A seconda di ciò che inquadriamo avremo una percezione completamente diversa e quindi, di conseguenza, l'opportunità di vivere emozioni differenti.

Chi ha figli adolescenti sa benissimo quanta ansia a volte hanno prima dell'esame di maturità. Ne sono divorati. A volte basta spostare la telecamera. E anziché immaginare sguardi minacciosi, rimproveri senza pietà, e sensi di colpa nello stomaco, si può immaginare ciò che avverrà subito dopo l'esame: festa a tutta birra e mare a più non posso!

La stessa cosa vale nella Comunicazione Pubblicitaria. In base a ciò che si decide di far vedere all'esterno si focalizzerà l'attenzione dei clienti, e si evocheranno alcune emozioni precise. Direzionando la telecamera interna nel modo giusto si crea una giusta sensazione. E' per questo che occorre essere dei professionisti della comunicazione.

Se vuoi che i tuoi potenziali clienti siano felici di venirti a trovare e trovino piacevole e divertente parlare con te e i tuoi collaboratori, devi essere cosciente del fatto che se li focalizzerai costantemente su ciò che non li soddisfa, su ciò che non gli permette di essere felici, li costringerai a convivere sempre con un senso di insoddisfazione e infelicità. E ci sono tantissime persone che lo fanno: ogni volta che ti chiedono "Qual è il problema?", ogni volta che con la loro telecamera mentale ti fanno vedere i problemi, le difficoltà, i rischi. Ti è mai capitato di parlare con qualcuno e di chiedergli consiglio su un progetto che ti stava proprio a cuore? Bè, ti sarà capitato allora di sentirti dire anche "Non ti conviene, stai attento, può succedere questo... può succedere quello... ad un mio amico è successo... ora sta male... ecc."

A volte lo facciamo con noi stessi quando riflettiamo su un nostro sogno. Basta cercare le cose che non ci piacciono, tutte quelle disgrazie che potrebbero accadere, metterle bene "a fuoco", "zoomarle" e renderle così più grandi di quello che sono, e ti ritrovi subito nervoso e con l'assoluta certezza che tutto andrà male! All'improvviso diventi triste perché sei convinto che non "si può" realizzare il tuo sogno.

La maggior parte delle persone è bravissima a fare questo. Lo abbiamo fatto quasi tutti quando siamo stati gelosi. Il suo telefonino è spento. Riproviamo decine di volte. Niente. Iniziamo a porci domande: "E se lo ha spento apposta?", " E se si sta incontrando con lui?", "Forse si sono incontrati di nascosto?", ecc.

Iniziamo a immaginare cose incredibili e continuiamo per ore e ore e ore a raccontarci una Storia, la peggiore! E quando finalmente il telefono è libero, lei risponde: ciao amore! Ero dalla parrucchiera e il cellulare non prendeva! A quel punto tu sei già incazzato come una bestia perché Lo sai che ti ha tradito e la odi a morte e hai deciso di lasciarla, questa volta, per sempre e quindi Sai che ti sta mentendo e Sei Convinto che ti abbia tradito con lui. Ne sei Certo!

Hai semplicemente trovato conferme, con la tua fantasia, a ciò che fondamentalmente temevi.

E' come nel filmino della festa di laurea: ci concentriamo su alcune cose e ne cancelliamo altre, e anche se stiamo semplicemente osservando una piccola parte di ciò che è accaduto, siamo convinti di vedere la realtà.

A volte capita che ci presentino una persona nuova. Ci sembra simpatica e affettuosa. Poi qualche giorno dopo, qualcuno ci dice che questa nuova persona è un po' "appiccicaticcia". Che si attacca. Paranoica. Che ti fa le storie. Allora, da quel momento, pur considerando ancora questa persona simpatica e affettuosa, iniziamo a focalizzarci e a cercare questo aspetto di lei. Un giorno ci dice: "Ti va se ci prendiamo un caffè oggi pomeriggio?", e così inizi a pensare che vuole "attaccarsi". Allora rifiuti, per evitare di trovartela addosso dalla mattina alla sera. Ma lei ti chiama per sapere come stai, perché è una persona affettuosa, e le avevi detto che stavi passando un periodo difficile. Non rispondi. Lei non capisce come mai non rispondi mai e continua a chiamare. Allora tu, mentre sei con i tuoi amici, inizi a dire, con insofferenza, che "E' vero! E' insopportabile! Si è appiccicata!"...

I tuoi amici ti consigliano di rispondere, così, dopo un po' rispondi. Lei ti chiede cos'è successo, come mai non rispondi. Ecco. Lo sapevi! Ti inizia a fare le paranoie! Meglio chiarire subito: "Senti bella! A me mi devi lasciare in pace, va bene!?", e bla bla bla...

Ci hanno convinto che quella ragazza era "appiccicosa e paranoica" e abbiamo trovato conferme alla nostra convinzione, determinando la realtà!

E quindi mutare focus è fondamentale in quanto ci permette di cambiare stato d'animo; è più semplice di quanto tu possa pensare. Immagina per qualche istante a tutto ciò che quella ragazza ha fatto di bello per te. Ti ha pensato. Si è interessata alla tua vita, alle persone che ti amano, e ti ha chiesto di volerti stare vicino in un momento difficile, e quando non le hai risposto, si è preoccupata. E' stata sincera al telefono, ti ha detto ciò che pensava e ciò che provava per te, non come le tue amiche perfide e pettegole. Immagina ad avere un'amica così appassionata, a tutto quello che potreste fare insieme per divertirvi, ai viaggi, alle chiacchierate davanti ad una birra, alle telefonate interminabili, agli sguardi d'intesa...

E' la stessa ragazza di prima. Solo che la vedi da una prospettiva diversa. E sapere di avere una vera amica ti rende felice.

E ora prova a fare l'opposto, prova a essere triste! Se desideri farlo ci vuole solo un istante: ricorda le cose più brutte che ti sono accadute quando c'era lei. E quelle che temi possano accadere. Immagina le cattiverie che potrebbe dirti e ogni volta che non fai ciò che si aspetta, le cattiverie che potrebbe raccontare in giro su di te.

Comincia a focalizzarti su ciò che ogni giorno temi possa accadere, e comincia a chiederti: "E se accadrà realmente?", "E se non ce la farò a sopportare tutto questo?", e all'improvviso inizierai ad essere triste. E ti garantisco che ci vorrà un attimo per sentirti male! Però, in questo stesso momento, un bambino sta nascendo, ci sono uomini e donne che stanno amando, ragazzi che stanno sorridendo, situazioni che stanno migliorando...

Sta a noi decidere quale parte del mondo "notare" di più, e questa scelta condizionerà enormemente il nostro atteggiamento mentale e la nostra realtà soggettiva.

Ti rendi conto del Potere del Focus? Quando comunichi, sia di persona, sia utilizzando media, stai comunque agendo sulla percezione della realtà dei tuoi clienti e conseguentemente sulle loro emozioni.

Con "focus", intendiamo quindi *su cosa* ci concentriamo e *come* lo facciamo. Inevitabilmente qualsiasi cosa su cui ci focalizziamo diventa per noi la nostra realtà. Se non impariamo a dirigere il nostro focus e quello dei nostri clienti, rischiamo di pagare un prezzo davvero molto caro!

Se gestisci un ristorante e hai appena assunto un cuoco fenomenale! Con un curriculum da paura e un'esperienza nei migliori ristoranti del mondo, ma sul tavolo c'è una macchia e le posate sono sporche di calcaree allora i tuoi clienti vedranno lo sporco e si focalizzeranno "Solo" su quello. Avranno un'associazione automatica: sporco = bassa qualità. E inizieranno a raccontarsi una Storia... sul fatto che il posto in cui sono "capitati" è schifoso! Vorrebbero andarsene ma ormai hanno ordinato... Si guardano intorno e iniziano a notare tutto ciò che non va... l'abbigliamento del titolare del locale... l'umidità agli angoli del soffitto... e poi iniziano a immaginare che sugli antipasti al carrello, essendo scoperti, possano essersi posati degli insetti... immaginano i capelli negli spaghetti... la cucina lurida...

Lo stato d'animo cambia. Diventano cupi e nauseati. Osservano l'altra gente mentre ignara di tutto continua a ingurgitare quelle schifezze e la nausea aumenta.

Quando arrivano i pasti, lo stomaco si è chiuso. E appena provano ad assaggiare qualcosina subito sale la nausea. Lasciano quasi tutto nel piatto, disgustati.

Per quanto tutto ciò che ti circonda possa essere buono o positivo, puoi sempre trovare qualcosa che non rispecchia le tue aspettative: focalizzare l'attenzione lì è il modo migliore per creare infelicità nella tua esistenza.

Ci sono moltissime persone che avrebbero più di un motivo per essere infelici, ma nonostante questo riescono a condurre una vita ricca di serenità e felicità, focalizzandosi su ciò che c'è comunque di bello nella loro esistenza ed essendone grate.

Sei responsabile di ciò che i tuoi clienti vedranno e su ciò che saranno i loro stati d'animo!

Tu hai potere di decidere su cosa focalizzare i tuoi clienti e quindi hai la possibilità di cambiare il loro stato d'animo in ogni momento. Come? Attraverso uno strumento facile e immediato: le domande.

Le domande dirigono il Focus.

Hai notato quei camerieri che ogni tanto si avvicinano al tavolo e chiedono: "Tutto bene?...". Si, rispondi. "E' piaciuto il vino della casa?". Sì, molto buono, rispondi. Dopo un poco ritorna: "L'arrosto era di vostro gradimento?". Sì dici tu. E lui continua: "E' una carne speciale che abbiamo solo noi, la prepariamo con una ricetta tipica...."

Con le sue domande ti sta facendo vedere ciò che c'è di buono in quello che hai mangiato. E così facendo ti sta creando la convinzione che hai mangiato bene.

Le domande che fai determinano ciò su cui la gente si focalizza, su cui orienti la sua attenzione. Infatti, nella comunicazione, colui che pone domande detiene il controllo della comunicazione stessa, avendo la possibilità, nel farlo, di guidare dove meglio desidera il suo interlocutore, che sarà così costretto a seguire la traccia indicata.

Se ti chiedessi, ora, di ricordare il numero di telefono di una persona cara...

Ce l'hai in mente?

Bene. Ora dimmi: dov'era prima che te lo chiedessi?

Appena ti ho posto la domanda, ti sei focalizzato, hai avuto accesso alle tue risorse interne, e lo hai pescato.

Se io adesso ti ponessi all'improvviso la seguente domanda: "Qual è il tuo piatto preferito?", molto probabilmente, anche se l'argomento "alimentazione" non ha niente a che fare con ciò di cui stavamo discutendo, il tuo cervello avrà velocemente spostato l'attenzione sulla risposta a questa domanda, distaccandosi immediatamente da ciò che stava facendo. Ed è inevitabile che sia così: il nostro cervello è sollecitato in automatico a rispondere alle domande che gli vengono poste, poiché svolge questa funzione costantemente.

Tutti i nostri pensieri non sono altro che un botta e risposta di domande, una sorta di dialogo interno tra noi e noi, e ogni volta che valutiamo qualcosa non facciamo altro che porci delle domande e darci delle risposte. La cosa importante di cui prendere coscienza è che il cervello cerca sempre delle risposte alla domande che gli vengono poste e, prima o poi, le trova.

Questo passaggio è fondamentale.

E' come se avessimo nella mente un motore di ricerca simile a Google. E quando poniamo una domanda è come se la scrivessimo sulla barra di ricerca e poi premessimo invio. Allora il nostro cervello inizia a cercare, a cercare a cercare. Per esempio, ti sarà sicuramente capitato di non riuscire a ricordare il nome di qualcuno e, dopo alcuni minuti di tremendi sforzi mentali, ci hai rinunciato, mettendo la domanda da parte. Un'ora dopo, quando meno te l'aspettavi, come un flash che illumina la tua mente, pensi: "Carlo!". Anche se eri impegnato a fare tutt'altro, il tuo cervello ha continuato a fare quanto gli avevi chiesto, trovare la risposta alla domanda: "Come diavolo si chiama quel tizio...".

Bisogna sempre tener presente che il nostro cervello è un computer che ha tutte le risposte, perciò se chiediamo ad un nostro cliente: "Cos'è che non le piace in questo articolo?". Magari non ci stava pensando, e all'improvviso inizia a cercare, a cercare a cercare. Cerca di trovare qualcosa che non gli piace. Perché stai sicuro che il cervello ha la capacità di dare sempre una risposta, essendo stato programmato per fare questo.

Il potere delle domande sta nei presupposti. Infatti molte domande contengono al loro interno delle opinioni velate, delle assunzioni di significato che, nel momento stesso in cui diamo la risposta, vengono accettate per vere dalla nostra mente. Cerchiamo di capire meglio come funziona.

Se io mi chiedo: "Perché non riesco mai a imparare nulla!?", questa domanda ha un presupposto molto forte: *non riesco mai a imparare nulla*. La domanda di per sé è assurda perché contiene un presupposto falso, in quanto è ovvio che non è vero che non riesco mai a imparare nulla. Ho imparato a camminare, ad andare in bici, a parlare, a scrivere ecc. Ma, se non ce ne rendiamo conto, cadiamo nella trappola di rispondere e, nel momento stesso in cui lo facciamo, prendiamo per buono questo presupposto; di conseguenza, lo rinforziamo ulteriormente, dando per scontato che è vero che non riusciamo mai a imparare nulla, visto che ci stiamo concentrando sul "perché" lo facciamo e non sul "se" lo facciamo. Quindi, se la risposta istintiva alla domanda: "Perché non riesco a imparare nulla?" sarà qualcosa tipo: "Perché sono deficiente" avremo trovato un motivo per il quale il presupposto era vero, motivazione che invia alla nostra mente un ulteriore messaggio negativo su noi stessi.

La domanda: "Perché proprio a me?" presuppone che questa cosa sia accaduta a me, solo a me e a nessun altro. Se resto a piedi perché ho forato e mi chiedo "perché proprio a me?", sto distorcendo notevolmente la realtà, perché è una cosa che, prima o poi, capita a tutti nella vita e ben più di una volta! Ma se inizio a dirmi che sono il più sfigato della storia dell'umanità, un vero deficiente, e che l'universo intero ce l'ha con me, mi creerò uno stato d'animo frustrante e diventerò depresso.

Come abbiamo già sottolineato il nostro cervello trova sempre le risposte alle domande che gli vengono poste. Per cui, così com'è in grado di trovare risposte alla domanda: "Che problema c'è?", allo stesso modo può darne altrettante al quesito: "Cosa c'è di bello?", risposte che ti faranno stare sicuramente meglio!

Eccoti alcuni esempi di domande improduttive:

"Perché non le piace questo appartamento?"

"Le sembra piccolo?"

Nel momento in cui cominciamo a fare domande nuove, produttive e potenzianti, sposteremo il focus dei nostri clienti su aspetti nuovi, produttivi e potenzianti; il loro cervello avrà immediatamente accesso a risorse nuove, ed entreranno automaticamente in stati d'animo nuovi, produttivi e potenzianti!

"Cosa le piace di questo appartamento?"

"Ha visto le rifiniture?"

Quando qualcuno mi chiede un consiglio e si lamenta esageratamente dei problemi che lo assillano, dopo averlo ascoltato attentamente gli chiedo: "Capisco... Posso farti una domanda? Cosa c'è di bello in questo momento?". La risposta che ricevo di solito è "Non so!".

Non lo so, è semplicemente un modo per evitare di pensarci e per evitare di spostare il suo focus dal problema alla soluzione. Le persone applicano spesso questo meccanismo: usano risposte tipo "Non so" per interrompere la comunicazione, per evitare di scavare dentro di loro e trovare la risposta. Queste domande sono utilissime se usate con i collaboratori. Quando le cose non vanno, fai attenzione alle domande che poni e attendi le risposte! Non rispondere tu al posto loro. A limite, insisti in questo modo: "So che è un periodo difficile per te, ma se comunque volessi trovare qualcosa di veramente bello, in questo momento, cosa potrebbe essere?". E nel momento in cui la persona inizia a raccontarti qualcosa di bello, perché c'è sempre qualcosa di bello, nonostante le difficoltà che sta affrontando, cambia immediatamente il suo focus ed entra in uno stato d'animo positivo. Solo adesso puoi chiederli: "Cosa puoi fare per stare ancora meglio?".

Prima di affrontare un problema, crea lo stato d'animo adatto! Fai in modo che la persona di fronte a te sia focalizzato sulla soluzione e non sulle difficoltà. Così, quando poi ritorniamo a parlare di ciò che lo preoccupa, riesce ad analizzarlo con molta più serenità e distacco, proprio come se il "Problema" si fosse trasformato in una "situazione da risolvere". Ha trovato la motivazione!

Spesso concentrandoci sui problemi ci focalizziamo troppo sulle cose che non vanno e ci deprimiamo a tal punto da non sentire più la motivazione, perdendo di vista la passione che ci ha spinti ad affrontare la sfida.

Stessa cosa vale per il cliente, che spesso si rivolge a noi per risolvere un problema ed è tanto concentrato sui problemi che ha completamente cancellato i benefici che avrà in seguito. Siamo noi a dover comunicare efficacemente e indurlo in uno stato di entusiasmo e gioia. Noi, con la nostra comunicazione dobbiamo risvegliare nei clienti e nei nostri collaboratori i loro Sogni. Smuovere le passioni. Avvolgerli in intense emozioni. E motivarli.

In genere, di fronte a una difficoltà o a un problema da risolvere le domande che iniziano con "come" sono molto più produttive delle domande che iniziano con "perché": queste ultime tendono a farci concentrare sui motivi del problema, al contrario delle prime, che ci stimolano a pensare alle soluzioni.

Quindi, sostiene uno dei più esperti in risorse umane Roberto Re, in "Leader di te stesso" edito da Oscar Mondadori, *"per una persona frustrata per il suo peso, piuttosto che chiedersi: "Perché non riesco mai a dimagrire?", una domanda molto più produttiva potrebbe essere: "Come posso dimagrire?". Ovviamente in questo caso il focus viene spostato subito sulla ricerca di soluzioni e, come puoi notare, il presupposto è: posso dimagrire."*
E continua: *"eccoti subito un esempio di come le giuste domande possano aprire la mente alla ricerca di nuove e migliori soluzioni; osserva cosa accadrebbe se a questa domanda aggiungessimo una sola parola, trasformandola così: "Come posso dimagrire*

divertendomi?". Quella banale modifica amplierebbe notevolmente i presupposti, perché adesso nella domanda non solo è sottinteso che posso, ma che addirittura posso farlo divertendomi! E se continuerò a pormi questa domanda, le risposte che scaturiranno saranno ben diverse da "mettendomi a dieta", cosa notoriamente non molto divertente. Puoi progettare di dimagrire praticando uno sport che ti piace" oppure frequentando assiduamente un corso di ballo latino americano o iscrivendoti ad un corso di arti marziali o a uno di cucina mediterranea, così da poterti divertire sperimentando nuove ricette e a basso contenuto calorico! Di certo se il tuo obiettivo è farlo con divertimento il tuo cervello si focalizza su una domanda più specifica e cerca risposte a quella.

Probabilmente se i tuoi collaboratori ritengono difficile affrontare una certa situazione è semplicemente perché si stanno concentrando su quanto siano impegnative invece di pensare alle diverse possibilità di soluzione che potrebbero trovare.

Hai mai avuto a che fare con un bambino che ha paura di cadere dalla bicicletta? Ecco, allora sai cosa intendo.

Saper porre domande costruttive, soprattutto nei momenti difficili, è un'abilità che davvero fa la differenza nella qualità della nostra vita professionale.

C'è una grande differenza tra domande e affermazioni. Se continui a dire: "E' bello questo cappotto", potresti continuare a ripetere la stessa affermazione per ore senza averne il benché minimo risultato. Diversamente, se utilizzi domande come: "Che cosa le piace di questo cappotto?", "Cosa potrebbe piacerle di questo appartamento?", " Se volesse davvero essere felice adesso in quale luogo le piacerebbe andare in vacanza?", inizierà a focalizzarsi attivamente su riferimenti e motivazioni che esistono realmente e che possono farlo sentire felice, ancor prima di acquistare.

Lo si proietta nel futuro e già gode dei benefici prima ancora di possedere ciò che desidera acquistare.

Glielo facciamo possedere con la mente.

Prendete il controllo del focus, delle domande che ponete. E' di fondamentale importanza imparare a "costruire i pensieri e le emozioni". Con la magia delle Parole potete costruire la Realtà dei vostri Clienti.

13. La Forza delle convinzioni

In "So quel che pensi" Thorsten Havener racconta di quando Penn e Teller, due fantastici illusionisti americani, per mezzo di un esperimento, hanno dimostrato come la forza della suggestione possa influenzare con notevole affidabilità le decisioni di qualsiasi persona. Si sono procurati un anello d'ottone di quelli per appendere le tende e l'hanno mostrato ai passanti di un centro commerciale degli Stati Uniti, chiedendo se sapessero di che oggetto si trattava. Quasi tutti l'hanno riconosciuto per quello che era. Poi i due illusionisti hanno domandato alle stesse persone quanto fossero disposte a pagare quell'oggetto. Le somme citate erano sempre inferiori ai cinque dollari. In un secondo momento i due hanno sistemato l'anello in un raffinato astuccio di velluto e hanno raccontato ai passanti successivi che era caricato di energia positiva e assicurava benessere al proprietario. Quindi gliel'hanno messo tra le mani e hanno voluto sapere se quel contatto provocasse in loro sensazioni particolari, magari un formicolio oppure un calore benefico. La maggior parte degli individui fermati ha dichiarato di avvertire una sensazione positiva.

Penn e Teller si sono spinti poi un passo più avanti: indossato un camice bianco e allestito un banchetto con manifesti dall'aria professionale, si sono presentati come scienziati che studiavano l'effetto energizzante di quel particolare anello. Con simili premesse, quasi tutte le persone entrate in contatto con l'anello provavano immediatamente una sensazione piacevole. La maggior parte dei passanti era disposta a pagare fino a cinquanta dollari per averlo! Ecco la forza della suggestione! Un camice bianco e un atteggiamento sicuro da parte del fornitore ha convinto i passanti di avvertire un formicolio molto positivo alle dita.

Hai mai visto qualcuno con il camice bianco in uno spot televisivo che ti diceva che il prodotto che ti stava presentando era clinicamente testato?

La nostra mente filtra tutti i dettagli, completando la realtà attraverso le conoscenze acquisite.

Ora facciamo un gioco, leggi cosa c'è scritto di seguito e vediamo se riesci a comprendere il senso delle parole:

"Batsa che la pimra e l'utimla letreta sinao conrcrete per peremtetre al norsto cevrello di comrpenedre il sneso delle paorle ..."

(Basta che la prima e l'ultima lettera siano concrete per permettere al nostro cervello di comprendere il senso delle parole)

Non appena riconosciamo qualcosa, la riconduciamo automaticamente a ciò che abbiamo già sperimentato. Spesso, quindi, non osserviamo più le cose per quello che sono davvero, ci creiamo un mondo ad hoc attraverso il nostro filtro personalissimo.

Altro esercizio:

Il 75,2 per cento di tutti gli intervistati ha dichiarato di avere problemi a ricordare il numero esatto dei partecipanti in grado di indicare con precisione – senza andare a ricontrollare – la percentuale riportata all'inizio di questa frase non appena terminata la lettura. Anche tu? Ti ricordi la percentuale?

Forse no...

Per sopravvivere siamo dunque costretti a filtrare sempre le informazioni per noi rilevanti. A volte accade in maniera automatica: ad esempio quando ci piace una persona, iniziamo a vederla ovunque. Mentre guidiamo, mentre passeggiamo. Lo stesso accade quando vogliamo comprare un'auto nuova. Non appena abbiamo deciso il modello che ci piace, ci pare di vederla circolare dappertutto. In realtà il numero delle auto di quel tipo non è aumentato di colpo, siamo noi che abbiamo iniziato a focalizzarci su quell'auto. Lo stesso accade con le borse che desideriamo e qualsiasi altra cosa che ci piace fortemente.

Ti rendi conto di questo potere?

Se desideri qualcosa, ti focalizzi solo su quella e trovi conferme a ciò che credi.

Se credi che quella moto sia stupenda, inizierai a vederne a centinaia, tutte stupende, e ti convincerai che se tutti hanno quella moto vuol dire che è davvero buona. E questo rinforzerà la convinzione che devi assolutamente comprarla.

Il mondo è come lo pensiamo.

Se ci viene presentato qualcuno come persona importante e di successo, questa persona susciterà in noi reazioni diverse rispetto a chi ci viene presentato senza commenti. Inconsapevolmente facciamo in modo che l'immagine della persona che ci viene presentata si adatti subito al nostro schema mentale.

Un piccolo esempio: ad alcuni insegnanti venne detto che un gruppo di studenti, scelto a caso, aveva un'intelligenza superiore alla media rispetto al resto della classe. Il risultato fu che al termine dell'anno scolastico gli alunni prescelti avevano tutti voti migliori rispetto agli altri.

Per questo la prima impressione che abbiamo di un individuo è così significativa che difficilmente riusciamo a modificare le nostre opinioni, in seguito. O meglio, tenderemo a trovare conferme a ciò che già pensiamo.

Pensa ad una persona che non esiste. Una persona importante. Di sicuro nella tua mente non hai visualizzato un uomo anziano, affaticato, e vestito con roba vecchia. Ti sei piuttosto immaginato un uomo dal fisico curato e atletico, giovanile, con un abito costoso. Come mai di fronte a una richiesta del genere solo pochissime persone si rappresentano una giovane donna energica in tailleur? Anche questo dipende dalle nostre esperienze ed aspettative.

Secondo quanto scoperto da studi in materia, siamo inclini a collegare determinate doti caratteriali con dei fenotipi ben precisi.

E' chiaro che l'aspetto esteriore di una persona determina la nostra prima impressione. Anche l'immagine di un negozio, un sito web, una brochure, ecc. sono elementi che determinano la prima impressione.

Una volta creata una credenza, si parte alla ricerca di quegli elementi che la confermano. La tua azienda, il tuo studio, non è come pensi tu, ma come se lo immagina il tuo cliente.

Il mondo è sempre come lo immaginiamo.

Per esempio, se io ti chiedessi: "Com'è per te la vita?", potresti rispondermi che è un gioco oppure che è una battaglia, una sofferenza, una festa, un posto per imparare, una cosa seria, una lotta, una follia, un test, un soffio, ecc.

Pensa quanto è diverso l'atteggiamento nei confronti della vita di una persona la quale crede che sia una sofferenza rispetto a quella che è convinta sia un gioco.

Le nostre credenze determinano come noi ci poniamo nei confronti del mondo che ci circonda.

Adesso, mettiamo il caso hai da vendere un appartamento e ti vengano presentate due persone interessate all'acquisto. Una si chiama Marco, il quale crede che "la gente se può ti frega" e quindi che di conseguenza "è meglio non fidarsi". L'altra si chiama Andrea, che invece crede che "è bene fidarsi delle persone" perché "quando dai fiducia agli altri, gli altri faranno del loro meglio per ripagarla".

Chi dei due ha ragione secondo te?

La risposta più razionale che istintivamente viene da dare è: "Nessuno dei due" oppure "Entrambi". Dipende dal punto di vista. E certamente avrai avuto esperienze nella tua vita che potrebbero avvalorare sia la prima sia la seconda risposta. Infatti, ti sarà di sicuro capitato in passato di ricevere qualche fregatura da qualcuno, così come, d'altra parte, di essere ripagato appieno da qualcun altro per la fiducia accordatagli. Ma che tu lo voglia o no, dentro di te ritieni che una delle due credenze sia più vera dell'altra e questo condizionerà automaticamente il tuo rapporto con la gente che ti circonda.

Se credi sia meglio fidarsi degli altri, per esempio, avrai maggiore facilità a delegare oppure a crearti nuove amicizie o nuove relazioni rispetto alla persona che crede sia meglio non fidarsi, la quale avrà ovviamente più resistenze ad aprirsi e a lasciarsi andare nei confronti di chi la circonda.

Proprio perché le nostre credenze ci danno sicurezza, tenderemo a instaurare meccanismi di continua e costante ricerca di conferme a ciò che crediamo, cancellando al contempo tutte le dimostrazioni contrarie.

Torniamo all'esempio. Fai di tutto per farti apprezzare da Marco.

Quando lo vedi lo saluti calorosamente. Gli offri il caffè. Gli confidi delle faccende personali. Gli regali un gadget della tua azienda, ecc. E la fiducia che lui ha riposto in te viene consecutivamente ripagata. Ormai siete entrati in amicizia. Lui è seriamente interessato all'acquisto del tuo appartamento e tu, visti i rapporti appena instaurati, gli prometti un piccolo sconto. Ma un giorno, purtroppo, il tuo consulente ti comunica che le tasse da pagare sono tante e quindi avvisi Marco che non puoi più accordargli quello sconto. Marco la prende male, e con estrema facilità, si dimenticherà immediatamente di tutte quelle volte che gli avevi dimostrato fiducia, e se ne uscirà con un'affermazione del tipo: "Hai visto? Lo sapevo! Alla fine, prima o poi, ti fregano tutti. Non puoi fidarti di nessuno!". E se provi a fargli notare che quando hai potuto hai sempre fatto il possibile per accontentarlo, lui ti risponde che era tutto finalizzato alla vendita della casa, che è l'unica cosa che t'interessa.

Il giorno dopo, ti vedi con Andrea. Scoraggiato da come si sono svolti i fatti con Marco, con fare freddo e razionale, comunichi ad Andrea che hai cambiato idea e per ora non vuoi più venderlo.

Non ti va di discutere sul prezzo. Sei stanco di dare spiegazioni. Pensi che anche Andrea sia come Marco e allora meglio lasciar perdere.

Andrea si fida di quello che dici e accetta.

Due mesi dopo vieni a sapere che Andrea ha acquistato un appartamento più vecchio e più piccolo del tuo ad un prezzo più alto.

Facciamo questo in continuazione! Notiamo di più e diamo più credito alle esperienze che avvalorano i nostri punti di vista, piuttosto che a quelle che li contrastano.

Come abbiamo già visto parlando di focus mentale, troviamo sempre ciò che cerchiamo: allo stesso modo troveremo sempre e comunque conferme alle nostre idee se ci impegneremo a farlo. Tra l'altro è facile capire quando mettiamo in atto questo meccanismo, poiché utilizziamo un linguaggio fatto di affermazioni come: "Lo sapevo!", "Hai visto? Che ti dicevo?", "Avevo ragione!", ecc.

E' che gran soddisfazione è per noi esseri umani il poter dire che avevamo ragione! Quale magnifica sensazione di certezza ci dà quel momento!

A volte sono davvero portato a pensare che la principale motivazione per la quale le persone fanno ciò che fanno è proprio, tristemente, l'aver ragione su qualcosa. Molta gente ha rinunciato nella sua vita a cose ben più importanti in cambio del poter affermare che aveva ragione: c'è chi ha sciupato amicizie, chi ha interrotto per sempre i rapporti con parenti ristretti, chi ha perso un lavoro o un'attività che amava, chi ha dovuto rinunciare a un gruppo di persone. Che tristezza quando l'aver ragione diventa più importante dei risultati, dei desideri, degli affetti o dell'amore stesso.

Secondo la definizione di Ormond McGill, ipnotizzatore americano, "la suggestione nel senso dell'ipnosi è la realizzazione inconscia di un'idea". Si tratta dunque di convogliare un'ispirazione nell'inconscio di una persona. Infatti, appena ci convinciamo fermamente di qualcosa, la nostra volontà viene limitata e diventiamo influenzabili. E' sempre la convinzione a vincere sulla volontà.

La suggestione agisce grazie alla forza delle immagini che crea nella

mente. Più l'immagine risulta plastica davanti agli occhi, più intensa
è la sua forza suggestiva.

14. Ti svelerò un segreto

"Posso svelarti un segreto? Resterai piuttosto turbato da ciò che apprenderai ora. Attenzione! Nel caso tu sia una persona sensibile oppure hai pregiudizi morali verso la comunicazione ipnotica, persuasiva e manipolativa, devi assolutamente saltare queste pagine. Anche se, ricordati, che sul mercato non esiste un solo altro libro che spieghi i metodi più oscuri in cui utilizzare la psicologia della comunicazione persuasiva.

Se hai deciso di continuare a leggere le mie dichiarazioni, ho già ottenuto il mio primo successo con una tecnica di controllo verbale: per la precisione suscitando paura. E' una di quelle meno utilizzate ma più efficaci in assoluto, per ottenere attenzione."

Inizia così, uno dei capitoli di "So quel che pensi" di Thorsten Havener - Tea Edizioni.

Se vuoi l'attenzione di qualcuno prova a mormorargli: "Ti svelerò un segreto". Lo vedrai subito in ascolto, perché i segreti hanno sempre qualcosa che affascina. *"Ovviamente"*, sostiene Thorsten Havener, *"puoi attuare lo stesso proposito anche in modi diversi. Puoi dire: "Di solito non parlo di queste cose, ma...",* oppure: *"Devi promettermi di non rivelarlo a nessuno",* o ancora, *"Mi raccomando, tienilo per te...".*

Un modo ancora diverso, per entrare in confidenza è: "Posso farti una domanda molto personale?"

Una volta ottenuta l'attenzione potete dire ciò che avete da dire.

Nel suo libro *Le armi della persuasione*, Robert Cialdini spiega come il cameriere americano Vincent riuscisse ad aumentare sostanzialmente le mance ricevute proprio usando una tecnica del genere. Generalmente negli Stati Uniti i camerieri puntano sulle pietanze più costose, dato che non ricevono un salario dal ristorante, ma vengono pagati a percentuale sulla base del conto finale di ciascun cliente. Più il conto è elevato, più guadagnano.

Per non imporre grossolanamente ai suoi clienti i piatti più cari, Vincent usava una tecnica molto sottile ed efficace: quando si avvicinava per prendere le ordinazioni, diceva: "Le rivelo un segreto: temo che il piatto che ha scelto oggi non sia buono come al solito. Le consiglio questo o quello." Le pietanze da lui proposte costavano molto di meno rispetto a quella ordinata in origine, per cui in apparenza Vincent agiva contro i suoi interessi per il bene dei clienti. Proprio in questo modo riusciva a conquistare la loro fiducia, e gli lasciavano mance più generose. Inoltre otteneva carta bianca per quanto riguarda la scelta dei vini e del dessert. Molto probabilmente, senza il suo intervento, i clienti non avrebbero ordinato né dolce né vino.

Il segreto che sto per svelarti è questo: per far agire le persone bisogna motivarle.

Ti piacerebbe sapere come fare?

15. Motiviamoli!

Come fare a motivare un collaboratore ad essere più puntuale, preciso, attento? Come fare a motivare una commessa ad essere più persuasiva ed entusiasta? Come fare a motivare un dipendente ad essere più veloce e dinamico? Come fare a motivare un venditore ad essere più perseverante e sicuro di sé? Come fare a motivare un cliente ad acquistare subito?

La motivazione ha diverse forze che la innescano. Ci sono centinai di tecniche. Ma oggi voglio parlarti di qualcosa che viene prima di qualsiasi tecnica e strategia, senza la quale, nulla funziona. Ti parlerò delle credenze che ogni persona ha su di sé. La categoria di credenze che riguardano la nostra identità, come abbiamo già accennato, sono quelle su ciò che noi siamo, e cioè l'idea e l'immagine che abbiamo di noi stessi. Sono, in pratica, tutte le credenze che vengono espresse dalle affermazioni che iniziano con: "Io sono...".

Se ti chiedessero di descrivere te stesso, come lo faresti? Cosa credi di te stesso? Quali sono le parole che andresti ad aggiungere a "Io sono..."?

Stai molto attento a scegliere bene, perché tutto ciò che andiamo ad abbinare a "Io sono..." sarà esattamente ciò che diventeremo! Infatti, non c'è forza più grande nella psicologia umana del bisogno che abbiamo di rimanere coerenti con la nostra identità.

E questo è davvero un concetto fondamentale da comprendere! Abbiamo detto che le nostre credenze ci danno sicurezza e che tendiamo costantemente a cercare conferme di esse: questo è valido doppiamente per le convinzioni che riguardano la nostra identità. Pensa a quante volte hai sentito fare affermazioni tipo: "Metti pure in discussione di me qualsiasi cosa, ma non chi sono io!", "Potrò magari sbagliarmi su tante cose, ma non su me stesso!", "So bene come sono fatto!".

Roberto Re afferma: *"Ogni volta che ci comportiamo coerentemente con ciò che crediamo di essere ci sentiamo noi stessi, e questa è la massima sensazione di certezza che un essere umano possa provare. Ecco perché siamo disposti ad agire in maniera coerente con chi crediamo di essere..."*

"Se qualcuno crede di essere un tipo che "non molla mai", perseverante e tenace, quando si trova in un momento di grande difficoltà, dove tutto lo spinge ad abbandonare l'impresa, tenderà comunque a "non mollare" e, anche se quella potrà essere la scelta più difficile, una parte di lui si sentirà ok per il semplice fatto che sta tenendo duro e non si arrende!"

E continua, raccontando che in Rocky IV, quello in cui lo sfidante è il tremendo gigante russo Ivan Drago, in una scena, Adriana, la moglie di Rocky, lo supplica di non accettare di prendere parte all'incontro e, durante la discussione, gli chiede per quale motivo voglia fare una simile pazzia. Rocky le risponde affermando con forza la sua identità con la seguenti parole: "Perché sono un pugile, è così che sono fatto! E' questo l'uomo che hai sposato e non posso non essere me stesso!". E aggiunge: "Lui è davvero forte, ma per battermi dovrà essere disposto a morire sul ring come lo sono io." Per essere se stesso, per essere coerente con la propria identità di pugile e di combattente, Rocky era disposto a morire. Certo, Rocky è un personaggio inventato, dal lieto fine scontato ma, come spesso accade, la finzione non si discosta dalla realtà. A volte la realtà supera la fantasia. Le persone sono disposte a tutto pur di vivere nella certezza di essere ciò che *credono* di essere.

Ora puoi immaginare quanto è importante il Giudizio che esprimiamo verso i nostri figli, collaboratori, amici...

All'opposto, quando ci comportiamo diversamente dall'idea che abbiamo di noi stessi, viviamo delle sgradevolissime sensazioni di insoddisfazione. Ti è mai capitato di non riconoscerti in un tuo comportamento? Di agire in maniera totalmente diversa dalle tue abitudini e dai tuoi valori? Magari sei una persona fondamentalmente tranquilla, per te la serenità nei rapporti è un valore davvero molto importante, ma una volta ti è capitato inspiegabilmente di essere davvero aggressivo. Quando viviamo una situazione del genere spesso ci ritroviamo a esclamare frasi tipo: "Non so cosa mi sia successo... non ero io in quel momento!" e proviamo quella sensazione fastidiosa di non riconoscerci, perché in quel momento una delle nostre più grandi certezze viene meno: la sicurezza che ci permette di affermare con convinzione: *"Io sono fatto così!"*.

Hai mai conosciuto qualcuno che ha smesso di fumare e ha poi ripreso a distanza di mesi o di anni? Il fatto che non abbia più fumato per tanto tempo non è stato sufficiente a farlo smettere definitivamente, perché, con tutta probabilità, a un livello più profondo non sono cambiate le sue convinzioni riguardo al fumo e, soprattutto, non si è modificata la sua identità, che è rimasta almeno in parte quella del fumatore. Ti sarà sicuramente capitato di iniziare a fare qualcosa credendo intimamente che non facesse per te, come se sapessi già che non avresti mai portato a termine quel compito. Vero?

Quando iniziamo una qualsiasi attività con questo tipo di credenze, ci limitiamo, riduciamo immediatamente il nostro potenziale e agiamo poco convinti e determinati, spesso privi dell'energia e dell'entusiasmo necessari per ottenere un risultato positivo. Così facendo, con tutta probabilità i primi risultati che arriveranno andranno a confermare ciò che avevamo previsto in partenza, rinforzando ulteriormente quelle credenze limitanti.

"Lo sapevo, avevo ragione! Questa cosa non fa per me!".

Compiere questo ciclo due o tre volte consecutivamente ci porterà a rinunciare, giustificandoci dicendo: "E' giusto così, perché tanto quella cosa non fa per me!".

Ecco cosa succede nella realtà:

"Un venditore crede di non essere portato per quest'attività, perché dice di non essere un chiacchierone, in grado di convincere le persone ad acquistare il suo prodotto. Ha un portfolio clienti a disposizione, ma, invece di contattare tutti con determinazione ed entusiasmo, comincia a fare una selezione eliminando dalla lista quelli che "sa già!" che "sicuramente" non compreranno. Per la paura del rifiuto inizia ad avvicinare quei clienti che ritiene più facili, trasferendo in ogni sua azione tutta la propria insicurezza. Il "no" dell'interlocutore lo deprime e lo convince ancor di più di non essere portato per la vendita.

Al contrario pensa a cosa accade quando siamo assolutamente certi in partenza del fatto che otterremo un risultato positivo. Credere nella riuscita ci spinge ad agire con grande carica, energia ed entusiasmo, spesso facendo molto più di quello che viene richiesto.

Inutile sottolineare che, agendo in questo modo, le possibilità di successo aumentano a dismisura!

Vediamo come, cambiando le condizioni iniziali, si modificano gli esempi precedenti:

Il venditore è arcisicuro di poter vendere alla grande questo nuovo prodotto. Senza fare alcuna distinzione, parla con qualsiasi potenziale cliente, illustrando con grande energia, convinzione ed entusiasmo tutti i benefici derivanti da quel prodotto e, senza paura, cerca appena può di chiudere la vendita. Ogni volta che riceve un "No" sa benissimo che è naturale e che si sta avvicinando al risultato! Insiste imperterrito fino a quando riceve il primo "Sì!". Si sente alle stelle, rinforzando enormemente la sua convinzione: può farcela. E torna all'attacco!

Come vedi, questo ciclo funziona sempre e inesorabilmente, facendo sì che le nostre credenze condizionino le nostre azioni e quindi, di conseguenza, i nostri risultati. Ma ancor di più, nel momento in cui realizziamo i risultati che dentro di noi ci aspettavamo, questi andranno a rinforzare ulteriormente le nostre convinzioni, permettendoci così di ripercorrere ancora più intensamente lo stesso ciclo.

Il venditore continuerà ad avere sempre problemi con i suoi clienti finché non cambierà l'immagine che ha di se stesso. Più o meno consciamente, una parte di sé cercherà di avere conferme, come tutti noi essere umani facciamo in continuazione, alle proprie convinzioni, realizzando proprio quello che non avrebbe mai voluto accadesse, ma, paradossalmente, sentendosi anche bene perché è sempre più certo di conoscersi e sapere com'è fatto.

Un buon capo, con la Comunicazione Ipnotica, può indurre dei profondi cambiamenti nei suoi collaboratori e motivarli ad agire con una forte grinta e passione!

Ciò in cui credono i tuoi collaboratori o i tuoi clienti è determinante.

E la Comunicazione Ipnotica parte proprio dalla forza delle loro Convinzioni.

Le opinioni e le credenze costituiscono la realtà di una persona. Ciò che una persona crede costituisce la sua Verità! Le persone vanno in guerra e rischiano la vita per difendere le proprie opinioni e credenze. Scontrarsi con le opinioni o le credenze di un potenziale cliente, in un contesto di vendita, **è molto pericoloso**! Quello che invece puoi fare è portarli ad essere Coerenti con le proprie convinzioni.

Se per esempio stai discutendo con tuo figlio e lui si rifiuta di venire a salutare i parenti durante le vacanze di Natale perché ha la partita di calcetto, cosa puoi fare? In che modo puoi utilizzare ciò che lui crede su se stesso? Ad esempio, puoi spostare il suo focus sulla convinzione che ha, riguardo a se stesso, di essere una persona che sa fare "gioco di squadra". Ha sempre giocato a calcio, e ha sempre lottato perché si creasse affiatamento tra i giocatori. E ogni volta che tra i suoi amici litigavano, lui cercava di mettere la pace e di stimolarli a comportarsi come un team, a ragionare per il bene della squadra, non per la gloria dei singoli giocatori.. Quell'atteggiamento "egoistico" dei giocatori, quando pretendevano di primeggiare sul gruppo, lo aveva sempre infastidito. Ora, la sua squadra è la sua famiglia. Quelle persone che conosce poco sono le stesse persone che hanno lottato per tenere sempre la famiglia unita, come ha fatto lui per la sua squadra, e sono le stesse persone che, nonostante tutto, sono sempre andare in soccorso alle altre, quando c'era bisogno. Questa è la famiglia. E adesso, c'è bisogno di trasmettere un senso di appartenenza alla squadra. Bisogna stare insieme!

Oppure, se tua figlia è convinta di essere "sensibile", come può sbattere la porta e mandarti a quel paese? Cos'è la sensibilità se non comprendere le ragioni dell'altro? Se lo fa, basta smettere di litigare e semplicemente partire da ciò che Lei è: "Sei sensibile e lo sei sempre stata. E io ti apprezzo per questo. Ora, forse qualcuno ha sbagliato, ma prova a capire come hai sempre fatto."
Pensa a quante volte hai cercato di far cambiare idea a qualcuno su qualcosa di cui era assolutamente convinto.
Come si fa quindi a gestire dei potenziali clienti che presentano credenze molto radicate, con le quali non sei d'accordo?
Inizia semplicemente ripetendo ciò che il cliente dice. Fagli capire che lo stai ascoltando. Se dice qualcosa del tipo: "L'ultima volta che ho investito in pubblicità non ho ottenuto nessun riscontro concreto ed è stato solo uno spreco di soldi. Quindi è tutto inutile!", puoi rispondere riprendendo le sue parole: "Così lei ritiene che la pubblicità su cui ha investito l'ultima volta non le ha portato nessun riscontro concreto". Notare che non è ciò che Tu pensi, ma ciò che il Cliente pensa (... *lei ritiene che...*). Lui annuirà.
In questo modo hai già ottenuto un accordo.
Perché assecondare le opinioni altrui ha un effetto così positivo?
Per lo stesso motivo per cui la lamentela più comune che si sente tra i coniugi oggi è: "Non mi ascolta!" La lamentela più comune tra gli

adolescenti è: "I miei genitori non mi ascoltano!". Una delle più comuni lamentele tra i clienti è: "Nessuno mi ascolta!".

Così, quando ricalchi opinioni e credenze, comunichi al cliente, ad un livello più profondo, che lo stai *davvero* ascoltando.

E quando comunichi a qualcuno che lo hai ascoltato, quella persona sa di starti davvero a cuore. Ricalcando opinioni e credenze, ti distingui dalla massa, dai concorrenti che sono interessati solo a parlare di sé e a vendere! E nessuno vuole farsi vendere qualcosa. Ma tutti sono disponibili ad acquistare.

Basta! Basta con l'autocompiacimento. Basta con il citarsi addosso. Basta con il ripetere quanto si è bravi e quanti clienti ti hanno scelto. Basta con i complimenti che ti hanno fatto. Basta!

C'è una storia che racconta di una giornalista che era uscita a cena con due uomini importanti, entrambi aspiravano a ricoprire un incarico prestigioso all'interno di una multinazionale, e si contendevano la poltrona.

Il primo era maturo e con un'esperienza alle spalle impareggiabile, aveva realizzato tutto nella sua vita e vantava un temperamento sicuro e affascinante.

Il secondo era un ragazzo, brillante negli studi e perseverante nella vita. Aveva scalato con le sue sole forze tutti i livelli e aveva ricoperto incarichi manageriali di altissimo livello.

Dopo aver conosciuto entrambi, la giornalista confessò ad una sua amica: "Il Primo è l'uomo più intelligente e affascinante della terra..."

"Bene", ha risposto l'amica, "Quindi ti piace!".

"Sì," ha risposto la giornalista, "ma preferisco il Secondo."

"Ah! E come mai?" ha chiesto l'amica.

"Perché il Primo è l' uomo più intelligente e il più affascinante della terra...".

"E allora?" ha chiesto l'amica.

"Il Secondo mi ha fatta sentire la donna più intelligente e più affascinante della terra."

E' questa la differenza. Basta col parlare di quanto sei bravo e intelligente! Fai parlare i tuoi clienti e falli sentire eccezionali.

Ascoltali! Quando ricalchi i loro pensieri, i loro sentimenti, le loro credenze, le loro convinzioni, gli stai dicendo continuamente che stai ascoltando. Quando i tuoi clienti sono con te devono stare bene, devono sentirsi da Dio, devono provare una strana sensazione di gioia e benessere, e non se lo sanno spiegare, ma desiderano tornare da te! Vogliono e scelgono sempre te.

Questo vuol dire farli innamorare!

Questa tecnica di ricalco (o rispecchiamento) delle opinioni e credenze denota empatia e comprensione per il cliente. E per questo è una delle strategie più utilizzate nella campagne pubblicitarie! E' diffusissimo infatti notare negli spot delle scene che ricalcano (imitano) le credenze delle persone. Poche cose sono importanti nella vendita tanto quanto fare in modo che il potenziale cliente si senta a suo agio insieme a te. Il ricalco delle opinioni fa sì che questo accada.

16. Convinci tuoi clienti con il Judo Mentale

Psicologi, psichiatri, venditori, pubblicitari, consulenti, e tanti altri, hanno a che fare con le convinzioni della gente. Le resistenze dei clienti dovute alle proprie convinzioni si chiamano Obiezioni.

Le obiezioni possono essere gestite in due modi:

1) Aspettare che il cliente sollevi un'obiezione, e quindi cercare di dissuaderlo o di smontarla;

Oppure:

2) Sollevare l'obiezione per primi, e quindi renderla innocua.

Questo secondo modo di affrontare le convinzioni delle persone si definisce **Judo Mentale**.

Per esempio, un venditore esperto, che sa perfettamente che la principale obiezione dei clienti è "Troppo caro", potrebbe dire per esempio: "Le anticipo che questo prodotto è un prodotto di grande valore e anche il suo prezzo è importante. Vorrei spiegarle come mai, nonostante questo, molti suoi colleghi hanno già investito centinaia di euro in questo prodotto...".

Cosa ha fatto?

1) "Il troppo caro" è diventato "...di grande valore": il

significato cambia!

2) Ha utilizzato una tecnica di Comunicazione Ipnotica: "Vorrei spiegarle come mai...". Non vuole vendere. Vuole spiegare i motivi di un comportamento. In questo modo sta ottenendo una *sottomissione liberamente consentita e un piccolo accordo: poter spiegare.*

3) "...molti suoi colleghi hanno già investito centinaia di euro in questo prodotto...". E' un presupposto. Lo si dà per scontato. In questo modo si crea una suggestione: se molti miei colleghi hanno investito ci sarà un motivo. Io voglio essere diverso da loro? No. Dimmi qual è il motivo, forse c'è qualcosa che ancora non so di questo prodotto...

4) Bingo!

Quando ti trovi di fronte a un'obiezione o a una condizione di stallo, piuttosto che scagliarti immediatamente contro, rimandala indietro. Fai in modo che il potenziale cliente senta le sue stesse parole. Qualche volta, sentendo l'obiezione dall'esterno, sarà il cliente stesso a dire che non è proprio così...

Ti sarà già capitato forse qualche volta, magari quando eri bambino, di essere rimproverato dai genitori. E appena iniziavi a piangere, prendendotela con te stesso, immediatamente i tuoi genitori venivano in tuo soccorso, rassicurandoti.

Anche da adulti accade. Nelle coppie spesso si litiga, e ad un certo punto c'è qualcuno che ammette le sue colpe e inizia a colpevolizzarsi, inizia a piangere a dirsi brutte parole. Allora il partner interviene in sua difesa. Dicendo, di stare tranquilli, che non è successo niente, che non le pensava veramente quelle cose, ecc.

Quando hai creato rapport con un'altra persona, lei è pronta a seguire la tua Guida! Quindi: ricalcare è fare qualcosa di simile all'altra persona, come correre accanto ad un amico alla sua stessa velocità. Guidare è fare qualcosa di diverso, come aumentare la velocità.

Se sei con una persona puoi fare solo due cose. O fai qualcosa di simile, e quindi Ricalchi. O fai qualcosa di diverso, e quindi Guidi. Non ci sono altre possibilità.

Se tenti di Guidare qualcuno prima di averlo Ricalcato e cioè di aver creato fiducia nei tuoi confronti, non otterrai niente!

La strategia è Ricalcare prima e Guidare poi.

17. Come avviare una Comunicazione Ipnotica

Ma allora, adesso che ho capito come entrare immediatamente in empatia con i miei clienti, che so come renderli meno critici nei confronti di ciò che dico, che so come abbassare le loro resistenze razionali, che ho imparato a far emergere degli stati emotivi potenti, che so come fare per conquistare immediatamente la loro fiducia, per farli sentire perfettamente a loro agio, come se mi conoscessero da sempre, coinvolgendoli nella conversazione e facendoli sentire importanti...

Ora che so tutto questo: come faccio a Comunicare in modo ipnotico?

Te lo dico subito.

Inizialmente occorre utilizzare quelli che, nel gergo ipnotico, si chiamano "**Truismi**", da *True*, che in inglese vuol dire "vero", cioè le frasi con all'interno le parole che creano fiducia. I Truismi, infatti, sono frasi che sono inevitabilmente vere, e per questo creano un accordo tra chi le pronuncia e il suo interlocutore, un accordo che però è solo emotivo e non di contenuto.

Il Comunicatore Ipnotico rispecchia le preoccupazioni, le ansie, i timori, le esigenze e i sogni del cliente. E' come se ci fossero due Potenziali Clienti uno di fronte all'altro, e nessun venditore!

Hai mai provato ad acquistare qualcosa da un tuo amico? E' come se stesse vendendo a se stesso, non hai la sensazione che ti stia fregando o che stia pensando al suo tornaconto.

Lui è lì per te e parla solo ed esclusivamente per i tuoi interessi. Ti fidi a tal punto che gli chiedi consigli. E qualsiasi cosa ti propone, sai che è al miglior prezzo. Se qualcun altro ti dice che esiste lo stesso prodotto ad un prezzo inferiore, giustifichi il tuo amico dicendo che non è lo stesso prodotto! Lo difendi come se fosse tuo fratello. E' una sensazione stupenda.

Questa è la sensazione che bisogna creare nei tuoi potenziali clienti.

Questa è la sensazione che gli elettori americani hanno provato quando parlava Obama.

E questa è la sensazione che provi quando parla un politico che t'ipnotizza.

I migliori comunicatori inducono questo stato molto piacevole ricalcando e parlando di quello che osservano e sentono nell'ambiente immediatamente circostante. Parlano di eventi innegabilmente veri che accadono intorno a loro. Questo pone il cliente in uno stato mentale piacevole.

Esempio di un gioielliere che vuole vendere una collana: "Questa collana le sta divinamente, è giusta per lei e le dona una freschezza particolare. La provi! Bellissima... Guardi. Riflette sul viso una luce stupenda, che ne dice? Questa è proprio quella che ci vuole per lei".

Il cliente non può che essere d'accordo con ciò che il venditore dice mentre quest'ultimo parla di eventi ovviamente veri! Magari ciò che la signora ha immaginato è totalmente diverso da ciò che il venditore intendeva, ma la signora ha comunque la sensazione che il venditore sia riuscito a leggere nel suo pensiero. È come se ci si sentisse capiti da quelle persone, ma la sensazione non è basata sul contenuto bensì sulla risposta emotiva inconscia.

I Truismi sono ancor più potenti se sono in successione e vanno a formare uno **Yes-Set**, una serie, cioè, di affermazioni con le quali non si può che essere d'accordo.

Torniamo all'esempio del gioielliere: "Questi riflessi sono dovuti alla pietra, nota?"... *Sì*

"E' stata creata con un taglio particolare, vede?" ... *Sì*

"E ha il giusto equilibrio, non trova?" ... *Sì*

Questo è quello che fa un esperto di comunicazione ipnotica nella costruzione di uno Yes-Set: descrive volontariamente dei fatti evidentemente veri (i riflessi sono dovuti alla pietra – vero! La pietra è stata creata con un taglio particolare – vero! E ha il giusto equilibrio – vero!)

In questo modo *abbassa il livello di guardia* della persona. Ottiene una serie di accordi. E tutto questo avviene sulla base di affermazioni ovvie e prive di contenuto.

E lo stesso ha fatto Obama!

In "Obama ha usato l'Ipnosi" Charlie Fantechi racconta come nel suo **Discorso alla Convention Nazionale Democratica a Denver 2008** Obama abbia usato 3 espressioni ipnotiche: «*è per questo che sono in piedi davanti a voi stasera*», «*è tempo di*», «*adesso è il momento*». Solo queste tre espressioni sono ripetute per un totale di 14 volte durante il suo speech. In particolare nel suo discorso dice «*mentre sono qui in piedi davanti a voi stasera*» per 3 volte: all'inizio, a metà e alla fine del discorso.

E Fantechi continua:

«*Questo è il motivo per cui sono in piedi qui stasera* (truismo).

Perché per 232 anni (truismo), *in ogni momento in cui quella promessa è stata messa a rischio* (quale promessa? da chi è stata messa in discussione?), *uomini e donne comuni, studenti e soldati, contadini e insegnanti, infermieri e custodi* (truismo che copre ogni possibilità) *hanno trovato il coraggio di mantenerla viva* (che cosa? la promessa? quale? e nel caso, in che modo l'hanno mantenuta viva?).»

I fondamenti che utilizziamo per misurare (chi li utilizza? in cosa consistono?) *la forza economica, si basano sul fatto che stiamo vivendo quella promessa* (quale promessa? ancora non lo ha detto) *che ha reso grande questo Paese* (in che modo? Forse adesso ce lo dice), *una promessa* (quale?) *che è l'unica ragione per la quale sono qui in piedi stasera* (ancora non ci ha detto qual è la promessa e dovremmo capire perché è qui stasera in piedi da qualcosa che non ci ha ancora spiegato... buffo no? Non così buffo per un pubblico in uno stato di ipnosi di massa!).

Ma (il *ma*, *però* e *invece*, come le preposizioni avversative in generale, hanno il potere di creare **amnesia** su ciò che si è detto prima), *io sono qui in piedi stasera perché* (stavolta forse ce lo dice...) *attraverso tutta l'America qualcosa si sta agitando* (e da cosa si capisce, che cosa in particolare e come soprattutto?), *ciò che quelli che dicono di no* (chi sono questi?), *ma capiscono, è che questa elezione non ha mai avuto a che fare con me* (e se non ha a che fare con lui, che è il candidato alla presidenza..., con chi ha a che fare?). *Ha avuto a che fare con voi* (cioè con noi chi?).»

"Obama", continua Fantechi, "*sembra preparare il pubblico alle sue suggestioni attraverso una serie impressionante di "truismi", che abbassano le difese del senso critico del pubblico*".

Così facendo continui ad associare immagini, suoni ed emozioni totalmente personali a ciò che descrive il Comunicatore. La percezione che hai, però, è quella di ricevere tali informazioni dall'esterno, come se chi parla ti conoscesse da sempre e comprendesse le tue più intime esigenze, tanto da farti emozionare mentre parla. E' per questo che inizi a fidarti. Perché ti senti completamente compreso!

E che cosa fa Obama? Parla e parla, non passando quasi mai informazioni ma stimolando una *risposta emotiva inconscia*. E con questo si entra nella fase cruciale del processo ipnotico, cioè: bypassare il senso critico, conquistare velocemente la fiducia del cliente e... Farlo innamorare!

Cosa accade nella realtà.

Sono le otto di sera. Ho tre pentole che cuociono sul fornello, tra venti minuti ci sediamo tutti a tavola. Ecco che squilla il telefono.

Sul display appare un numero che non conosco, anonimo. Non ci metto molto a capire che non è una storia piacevole. E' un telemarketing: un monologo ricco di particolari su qualcuno che sta cercando di rubarmi tempo, di imbrogliarmi, di raggirarmi. Mi dico che è meglio non rispondere, ma se fosse qualcun altro? Rispondo.

"Pronto?".

Come prima cosa sento il click rivelatore di un sistema computerizzato di pre-chiamata che mi mette in comunicazione con il primo operatore libero. Poi sento il brusio e il rumore di fondo inconfondibile di un call center. Prima ancora che l'operatore apra bocca, la storia è già prevista, raccontata e venduta. Non mi interessa!

Per educazione resto in linea e non riattacco.

L'operatore inizia a recitare un discorso preparato, pronunciando almeno dieci frasi senza fare una sola pausa. Legge un testo scritto e non lo legge neppure tanto bene. La scelta delle parole non corrisponde al tono di voce, poco raffinato.

Saresti sorpreso se ti dicessi che nell'arco di poche settimane 50 milioni di persone hanno chiesto di essere iscritte nell'elenco di chi non vuol più essere chiamato?

Il modo migliore per far innamorare qualcuno è Raccontargli una Storia. Ed è anche uno dei modi più efficaci per evitare qualsiasi forma di resistenza.

Milton Erikson era particolarmente esperto nel raccontare storie (usando metafore) per relazionarsi con clienti molto difficili.

Jay Haley descrive la tecnica di Erickson così: "L'approccio che utilizza analogie e metafore... è particolarmente efficace con soggetti resistenti, dal momento che **è difficile opporre resistenza a un suggerimento che non si è consapevoli di ricevere...**".

Prima che nascesse il marketing, prima che comparissero i carrelli del supermercato e assai prima che si inventasse la pubblicità televisiva, l'uomo si raccontava storie.

Le storie ci aiutano a comprendere meglio il mondo e sono l'unico mezzo che conosciamo per diffondere le idee.

Il motivo per cui il marketing di successo racconta storie è che i consumatori insistono nel volerne. Sono abituati a raccontarne a se stessi e ai propri simili, e trovano del tutto naturale restare incantati da chi racconta loro una storia.

Gli spot pubblicitari sono delle storie.

I manifesti pubblicitari sono delle storie.

Le vetrine dei negozi sono delle storie.

Le targhette accanto ai citofoni sono delle storie.

Le sigarette nei posacenere sono delle storie.

Le strette di mano sono delle storie.

Le promesse sono delle storie.

Le parole sono delle storie.

Le grandi storie suscitano fiducia. Nessuno si fida più di nessuno. I consumatori non si fidano delle belle donne negli spot. Non si fidano più dei testimonials sulle riviste. Non si fidano delle aziende che vogliono vendergli qualcosa.

Per far sì che la tua storia abbia successo devi conquistare la credibilità necessaria per poterla raccontare.

Ricorda: la storia è tanto più efficace quanto più suggerisce senza spiegare.

Quando entri in uno studio legale e trovi un avvocato di 66 anni seduto dietro una scrivania grande quanto il tuo letto matrimoniale, con una libreria accanto che potrebbe essere una biblioteca provinciale. E ti saluta con un cenno, mentre continua a parlare al telefono. Bene... quell'avvocato ti sta raccontando una Storia. La sua. Non occorrono parole per spiegare. E' tutto il resto che parla.

La Comunicazione Ipnotica permette ai tuoi clienti di trarre da soli le proprie conclusioni.

Le storie migliori non hanno necessariamente bisogno di brochure a colori di otto pagine o di un incontro a quattr'occhi con un venditore in carne e ossa. E neanche di un manifesto con scritte a caratteri cubitali.

La gente è abile nell'ignorare i messaggi della pubblicità. La storia che spesso le aziende raccontano è spesso troppo annacquata per poter piacere a tutti e finisce col non piacere a nessuno.

E chi vuole essere amato da tutti, finisce con il rimanere da solo.

Le storie migliori non raccontano nulla di nuovo, ma aderiscono alla Filosofia di Vita che il tuo potenziale cliente già possiede, e lo rassicurano.

Le grandi storie sono la voce che corrisponde a ciò che il tuo cliente prova dentro e che è in sintonia con le sue aspettative. Non fanno appello alla logica, ma ai sensi. Non sono strillate, ma sussurrate.

E come l'amore, non occorrono dichiarazioni, ma bastano sguardi.

18. Conclusioni: ottieni ciò che Vuoi

Il modo migliore per affrontare la resistenza dei tuoi Clienti è entrare in accordo con essi. L'idea della competizione e della sopravvivenza del più forte esiste solo nel pensiero e nei modi di relazionarsi di gran parte del mondo occidentale.

Al contrario, l'approccio orientale alla vita è basato sulla cooperazione e sull'armoniosa risoluzione dei conflitti. L'Aikido, arte marziale giapponese, unisce tecniche derivanti da molte arti marziali orientali più antiche, fondendole in un sistema sottile e sofisticato per difendersi, evitando, allo stesso tempo, di ferire l'aggressore.

L'idea è quella di allinearsi all'aggressore e di usare la sua forza per sventare l'attacco. Ci si muove insieme al proprio avversario, piuttosto che contro di lui.

Usando questo approccio, un'esile donna esperta di Aikido può mettere facilmente a terra un uomo robusto usandone l'energia e lo slancio. Confronta questa scena con quella di due pugili sul ring, ognuno che lotta per mettere l'altro alle corde, e ti farai un'idea delle differenze essenziali tra l'approccio occidentale e quello orientale nell'affrontare la resistenza.

L'approccio occidentale equivale al vecchio modo di fare marketing e di comunicare. L'approccio orientale si avvicina alla Comunicazione Ipnotica. In numerosi casi l'approccio orientale è molto più sensato e, generalmente, conduce a risultati molto più produttivi.

Perché la vita non è una gara.

Sia al lavoro che a casa, quando si vuole convincere qualcuno, incontrerai certamente delle resistenze. E' meglio affrontare quelle resistenze con un atteggiamento del tipo: "Come possiamo vincere entrambi?", "In che modo possiamo lavorare insieme?"

Uno dei vantaggi della Comunicazione Ipnotica è che le altre persone continueranno a lavorare con te e di conseguenza potrete continuare a crescere insieme.

A volte è praticamente impossibile essere d'accordo con certe idee. Quando si presenta una situazione simile, puoi sempre accordarti alle sensazioni che prova l'altra persona.

Sarete immediatamente degli alleati, piuttosto che avversari.

Sarete degli ottimi amici.

Ps. Spero che questo Manuale di Comunicazione Ipnotica sia stato di tuo gradimento e che ti abbia fornito qualche arma in più per far innamorare i tuoi potenziali clienti di ciò che fai. Per ottenere ciò che vuoi devi Comunicare ad un altro livello e raggiungere le emozioni di chi ti sta attorno. Devi credere nel tuo sogno e raccontarlo in modo appassionante alle persone che condividono con te la tua stessa visione del mondo, la tua stessa Filosofia di Vita.

Se credi che il Manuale di Comunicazione Ipnotica sia interessante allora regalalo a una persona a cui vuoi bene. O consigliali di scaricare l'e-book "Comunica ad un altro livello. Manuale di Comunicazione Ipnotica" direttamente dal nostro sito www.studioattanasi.it

Ovviamente: libero di scegliere! ☺

Vienici a trovare sul sito www.studioattanasi.it

Oppure chiamaci per ulteriori informazioni sulla nostra consulenza, formazione e coaching nell'ambito del Marketing e della Comunicazione, o semplicemente per progettare la soluzione ideale per te.

Dott. Gilberto Attanasi 393.9162312

Silvia De Lorenzis 339.4888610

info@studioattanasi.it

StudioAttanasi

Comunica ad un altro Livello

www.ingramcontent.com/pod-product-compliance
Lightning Source LLC
Chambersburg PA
CBHW060625290526
45793CB00001B/148